ATELIER LOOM 2

Nancy Dauch

ATELIER LOOM 2

Photographies et stylisme :
Sylvain Lefebvre et Gwen Rassemusse

hachette
LOISIRS

PRÉFACE

Je considère la créativité comme une des plus belles expressions humaines… Que ce soit avec des pinceaux, des crayons, etc. tout ce que vous ferez de vos dix doigts est une petite partie de vous mais sans doute une des plus belles…

À partir de ces élastiques, j'ai créé pour vous des modèles variés que vous pourrez réaliser avec vos couleurs mais j'ai aussi voulu vous présenter des mailles différentes que vous pourrez décliner en différents types de bijoux ou d'accessoires suivant la longueur tressée.

Je vous souhaite de prendre autant de plaisir que celui que j'ai pris lors de la création de ce livre.

Nancy Dauch

1/ BRACELET CROISÉ

NIVEAU : DÉBUTANT

02/ BRACELET BICOLORE ET TORSADÉ

NIVEAU : INTERMÉDIAIRE

03/ BRACELET DOUBLE TRESSÉ

NIVEAU : EXPERT

04/ BRACELET FROUFROU

NIVEAU : INTERMÉDIAIRE

05/ BRACELET DE PERLES SHAMBALLAS

NIVEAU : DÉBUTANT

06/ BRACELET TRIPLE RANGS

NIVEAU : EXPERT

07/ BRACELET PLAYA

NIVEAU : INTERMÉDIAIRE

08/ SAUTOIR TROIS RANGS

NIVEAU : DÉBUTANT

09/ COLLIER DE PERLES

NIVEAU : DÉBUTANT

10/ BAGUE PÉTALES

NIVEAU : INTERMÉDIAIRE

11/ BAGUE OVALE

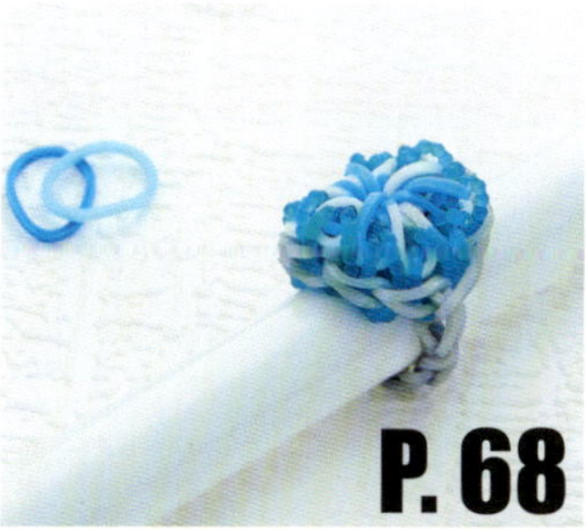

NIVEAU : INTERMÉDIAIRE

12/ BAGUE ÉTOILE AVEC PERLES

NIVEAU : INTERMÉDIAIRE

13/ BROCHE FLEUR

NIVEAU : EXPERT

14/ HEADBAND FLEURI

NIVEAU : INTERMÉDIAIRE

15/ HEADBAND FILET

NIVEAU : INTERMÉDIAIRE

CONSEILS & ASTUCES

PRÉPARATION DES ÉLASTIQUES

Afin de faciliter votre tressage et/ou d'utiliser vos propres couleurs, il est conseillé de reproduire le tableau ci-dessous : tracez autant de cases que de couleurs utilisées (le tableau ci-dessous vous permettra de travailler avec 6 couleurs).

A	B
C	D
E	F

Ensuite, vous n'aurez plus qu'à disposer vos élastiques dans les cases correspondantes, ce qui facilitera le tressage.

DÉGAGEMENT DES ÉLASTIQUES

Pour dégager les élastiques ou les boucles, utilisez un crochet. Saisissez l'élastique indiqué soit pour le libérer du picot, soit pour venir l'accrocher sur un autre picot. Il s'agit souvent, sauf contre-indication, de l'élastique situé le plus bas sur le picot.

Il existe deux types de dégagement :

– Le dégagement libre : il consiste à libérer l'élastique du picot et à le lâcher, celui-ci sera alors retenu par les élastiques au-dessus.

– Le dégagement sur un autre picot : il consiste à libérer l'élastique et à venir le placer sur un autre picot.

Pour chaque projet, il vous sera précisé comment dégager les élastiques et comment placer le crochet.

Dégagement suivant un schéma : si le modèle propose un schéma de dégagement des élastiques, suivez l'ordre indiqué par les numéros et utilisez les flèches qui vous montrent sur quel picot venir raccrocher l'élastique que vous allez libérer. Il vous sera précisé comment placer le crochet.

Dégagement libre (crochet à l'extérieur) : si les explications précisent qu'il faut dégager l'élastique du picot 2 à l'aide du crochet, en restant à l'extérieur des élastiques, saisissez l'élastique situé le plus bas sur le picot, faites-le remonter au-dessus du picot et lâchez-le. Celui-ci sera alors maintenu par les élastiques situés au-dessus.

Exemple 1 : dégagement de l'élastique du picot 2

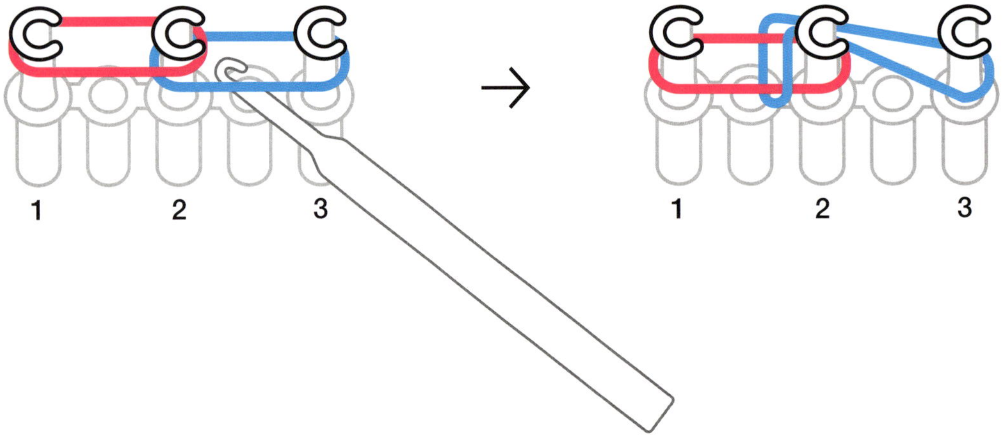

Exemple 2 : dégagement de l'élastique du picot 1 et du picot 2

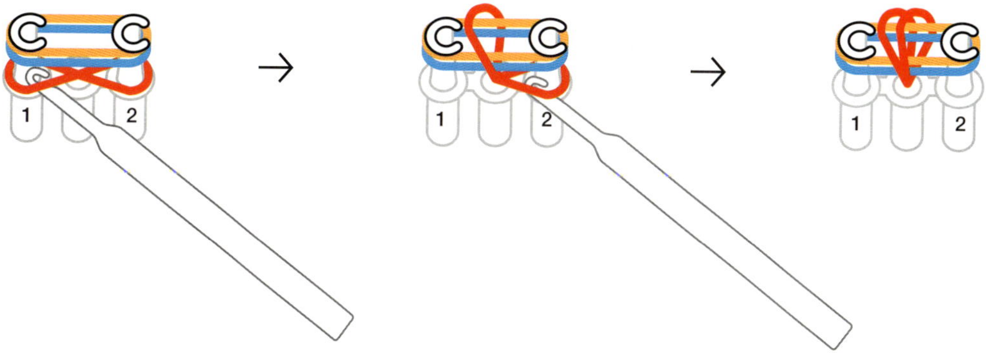

ENFILAGE DES PERLES SUR LES ÉLASTIQUES

Afin de faciliter l'enfilage des perles, munissez-vous d'un fil fin d'une quinzaine de centimètres (du fil de pêche, par exemple) que vous plierez en deux. Plus ce fil sera rigide, plus l'enfilage sera facile.

1/ Enfilez un élastique sur ce fil et passez les deux extrémités du fil à l'intérieur de la perle de 4 mm. Tenez les deux extrémités du fil et tirez-les en même temps jusqu'à ce que l'élastique soit dans la perle.

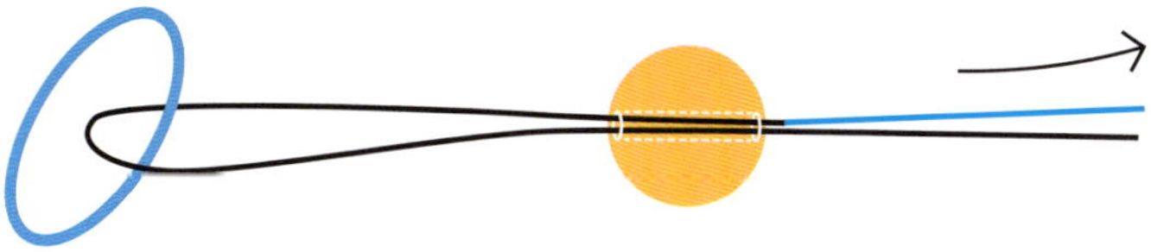

2/ Sortez votre fil de l'élastique. Centrez l'élastique dans la perle afin que le rendu soit régulier.

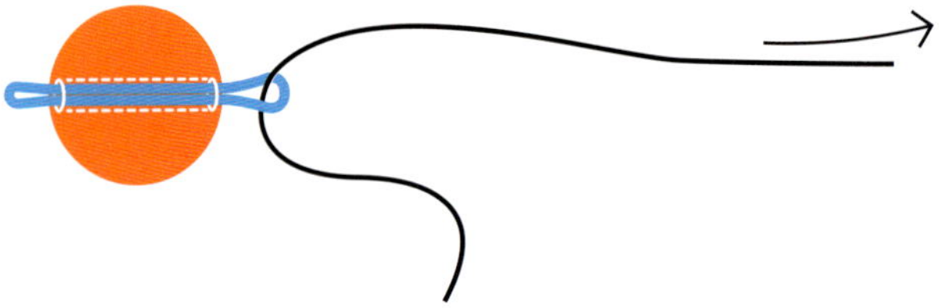

MISE EN PLACE DU FERMOIR

Fermoir en S

Dans cet ouvrage, nous avons utilisé des fermoirs en forme de S. Voici comment maintenir deux élastiques à l'aide d'un fermoir de ce type (attention : vous pourrez avoir plusieurs élastiques à maintenir de la même manière suivant les créations). Vous devrez tendre les élastiques et les glisser d'un côté du fermoir afin qu'ils restent bien maintenus et faire de même à l'autre extrémité de votre ouvrage.

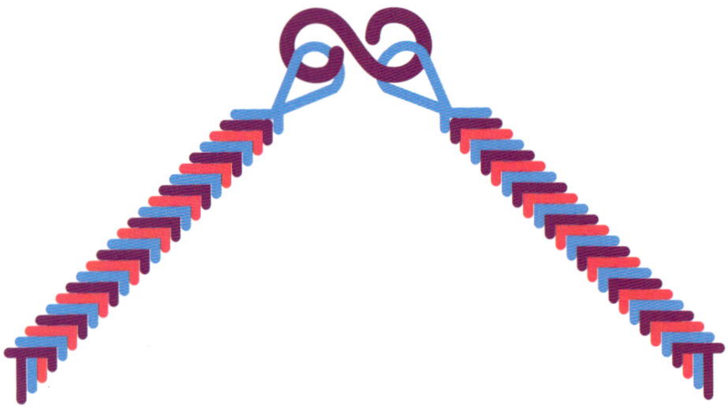

Fermoir en C

Si vous utilisez des fermoirs en forme de C, glissez-y tous les élastiques qui doivent être maintenus d'un côté et de l'autre de l'ouvrage.

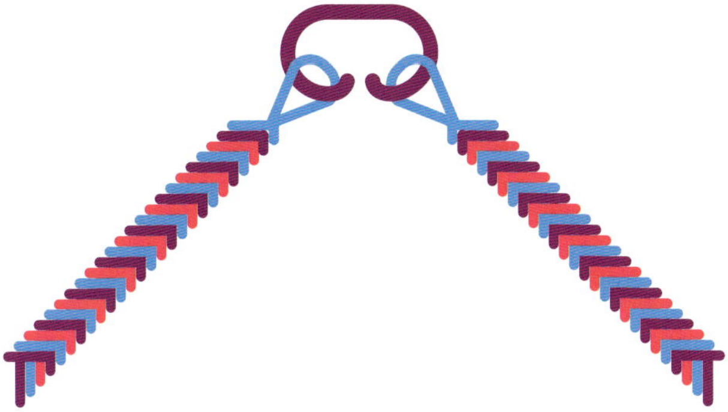

01/ BRACELET CROISÉ

NIVEAU : DÉBUTANT

01

Un joli modèle aux couleurs tendance qui s'accordera parfaitement avec tous les autres bracelets que vous porterez à votre poignet !

Matériel :

- Nombre d'élastiques utilisés :
A : 43 élastiques blancs (en gris sur les schémas)
B : 22 élastiques violets
C : 20 élastiques roses
Total : 86 élastiques
- 1 fermoir
- 1 métier à tisser, dont les rangées seront toutes alignées (ce bracelet peut être tressé sur 2 métiers, attachés l'un à la suite de l'autre pour allonger le motif)

Pensez à baisser régulièrement votre ouvrage au bas des picots afin de tresser le bracelet plus facilement.

MISE EN PLACE DES ÉLASTIQUES

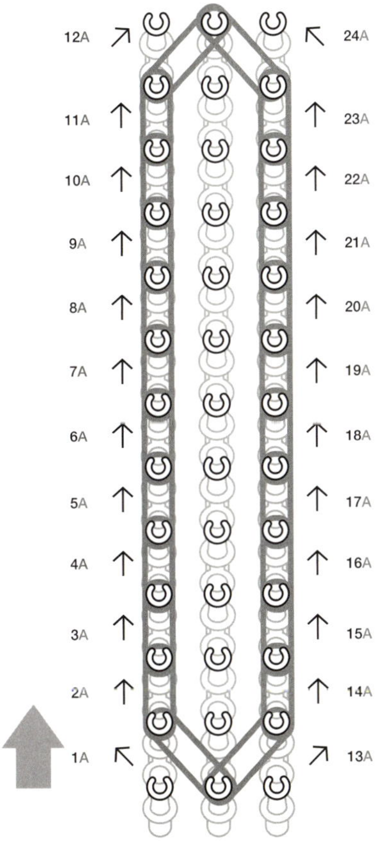

1/ Placez le métier devant vous, la flèche pointant vers le haut.

Commencez par placer 24 élastiques A en suivant l'ordre indiqué sur le schéma ci-contre.

2/ Par-dessus la première couche d'élastiques placés à l'étape 1, placez les élastiques en suivant l'ordre indiqué par le schéma ci-dessous.

Positionnez ensuite l'élastique 55A : il s'agit d'un élastique de couleur A, plié en deux, afin de former deux boucles que vous placerez sur le picot 55.

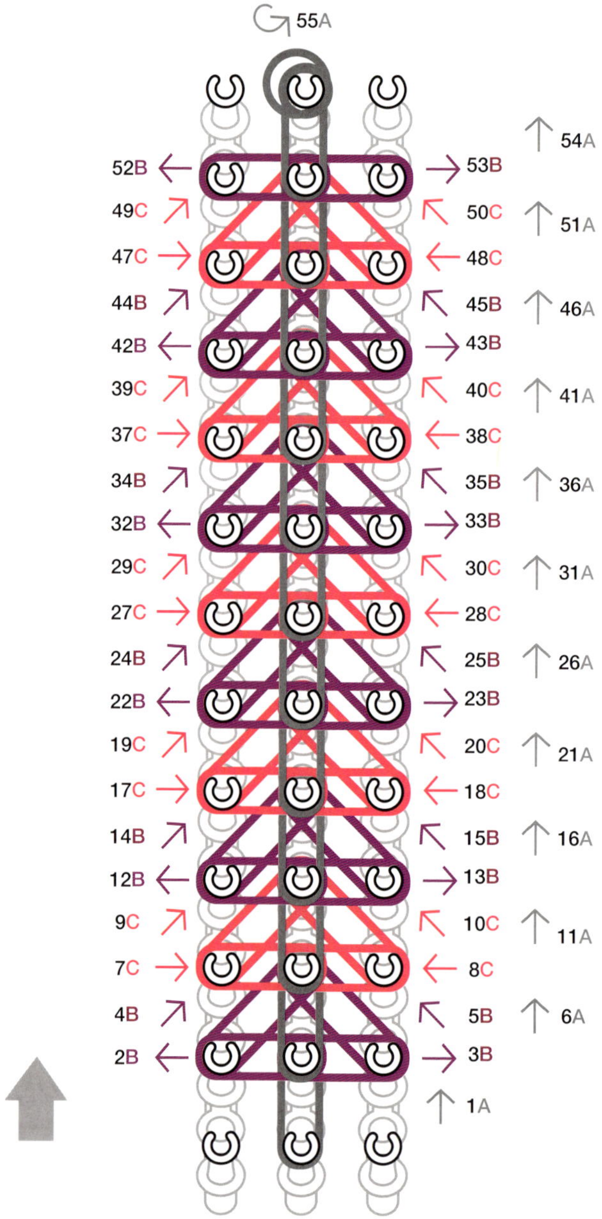

DÉGAGEMENT DES ÉLASTIQUES

3/ Retournez le métier à tisser, la flèche pointant vers le bas, puis commencez à dégager les élastiques suivant l'ordre indiqué ci-dessous : placez le crochet à l'intérieur du picot et des élastiques du dessus, le sens des flèches indique quel élastique dégager et sur quel picot venir le raccrocher.

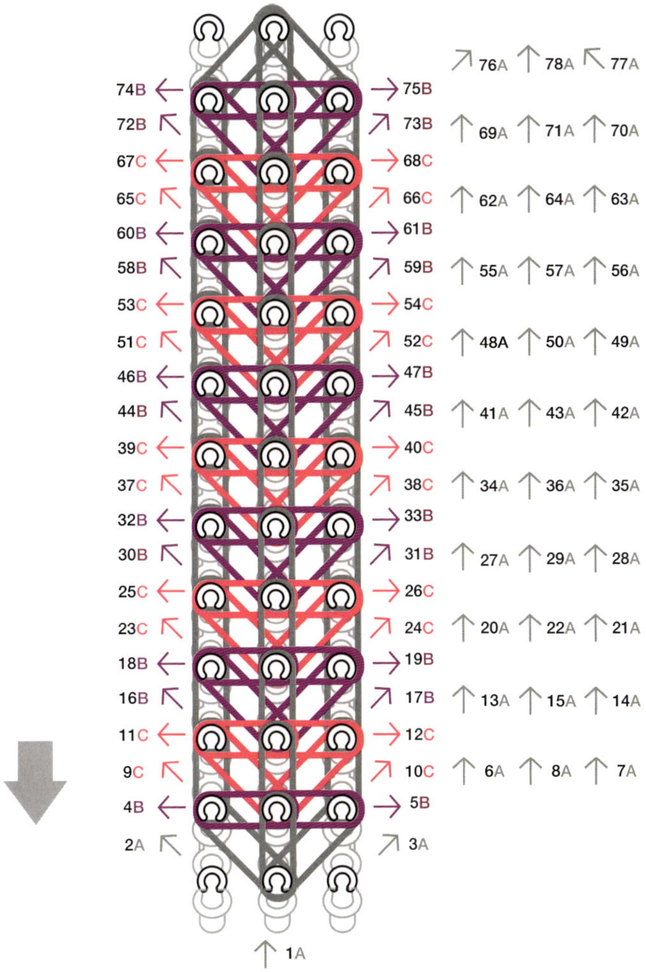

Lorsque tous les élastiques seront remontés sur le dernier picot en haut du métier à tisser, attachez les six boucles de cet élastique sur un côté du fermoir, afin que tous les élastiques de ce picot soient maintenus sur celui-ci.

Libérez votre bracelet du métier, étirez-le afin de faire apparaître le côté où apparaissent les motifs en croix. Mettez votre ouvrage de côté.

AJOUT DE LA CHAÎNETTE

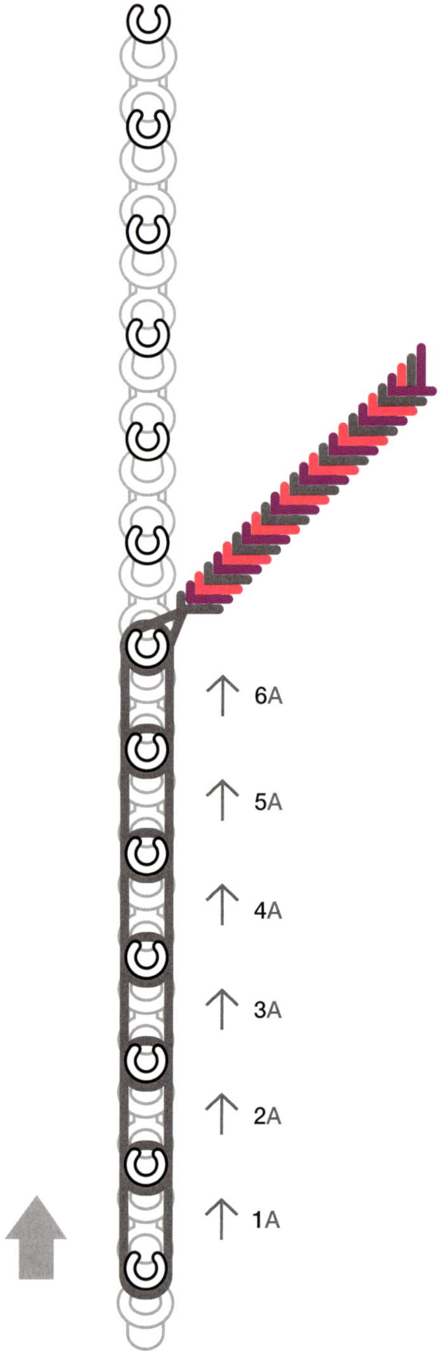

4/ Votre bracelet doit maintenant être rallongé à l'aide d'une chaînette de 6 élastiques ou plus, suivant la taille de votre poignet.

Cette chaînette sera tressée à l'aide d'une seule colonne du métier à tisser.

Placez le métier devant vous, la flèche pointant vers le haut. Placez les élastiques de couleur A comme indiqué sur le schéma ci-contre.

Placez les deux boucles de votre bracelet, retenues par le fermoir, sur le dernier picot.

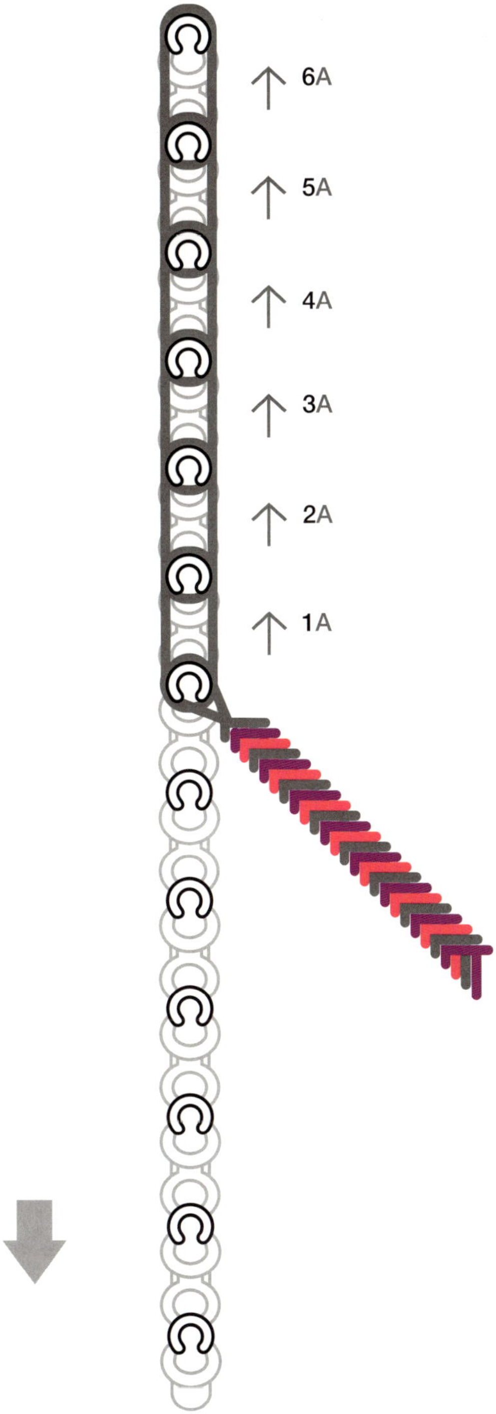

5/ Retournez le métier, puis dégagez les élastiques comme indiqué ci-contre.

Enlevez ensuite le fermoir du bracelet. Attachez les deux boucles du dernier élastique qui se situent en haut de votre métier d'un côté du fermoir.

Attachez les deux boucles de l'élastique qui se situent à l'autre extrémité du bracelet avec le fermoir.

02/ BRACELET BICOLORE ET TORSADÉ

NIVEAU : INTERMÉDIAIRE

02 Un modèle qui rappelle le motif des scoubidous... Jouez avec les couleurs pour réaliser un bracelet unique !

Matériel :

- Nombre d'élastiques utilisés :
  A : 50 élastiques jaunes
  B : 50 élastiques verts
  Total : 100 élastiques
- 1 fermoir
- 1 métier à tisser, placé devant vous, la flèche pointant vers la droite

Vous utiliserez cinq picots : deux picots de la rangée du bas, les deux picots situés au-dessus et un picot de la rangée du haut (à partir de l'étape 8).

Pensez à baisser régulièrement votre ouvrage en bas des picots afin de tresser plus facilement.

DÉBUT DU TRESSAGE

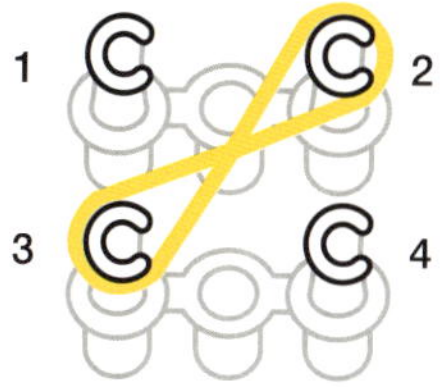

1/ Placez un élastique A entre les picots 2 et 3, en le croisant en son centre. Vous utiliserez les deux rangées du bas, la rangée supérieure sera utilisée par la suite.

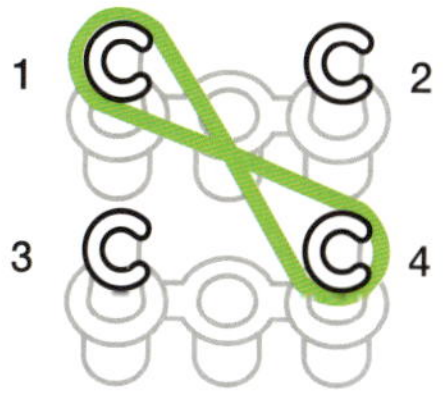

2/ Placez un élastique B entre les picots 1 et 4, en le croisant également en son centre.

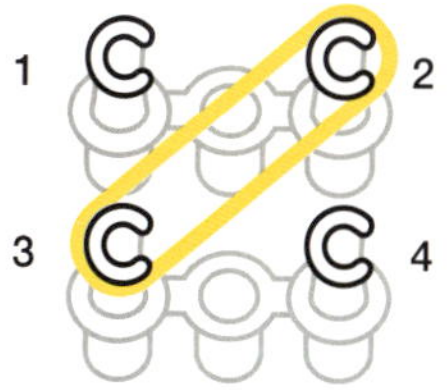

3/ Placez un élastique A entre les picots 2 et 3.

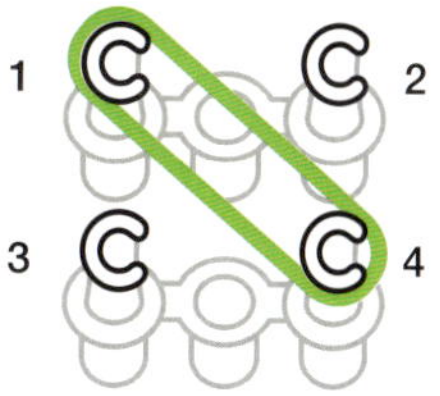

4/ Placez un élastique B entre les picots 1 et 4.

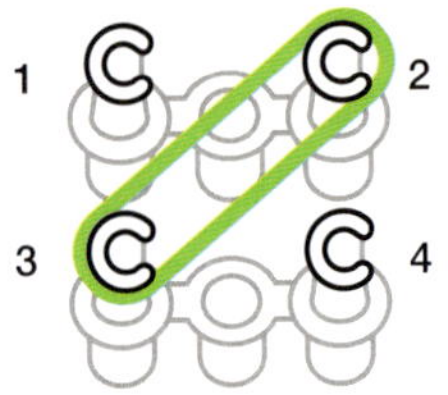

5/ Placez un élastique B entre les picots 2 et 3.

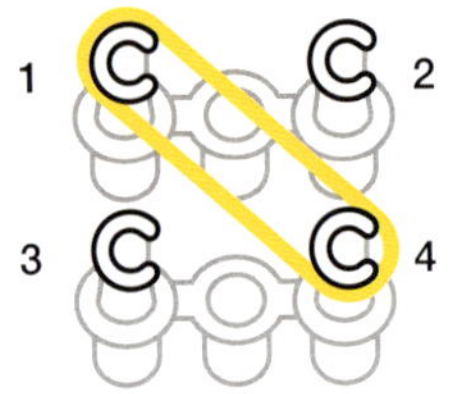

6/ Placez un élastique A entre les picots 1 et 4.

7/ Dégagez l'élastique situé le plus bas sur chacun des picots en passant à l'extérieur des picots et donc autour de l'élastique du dessus.

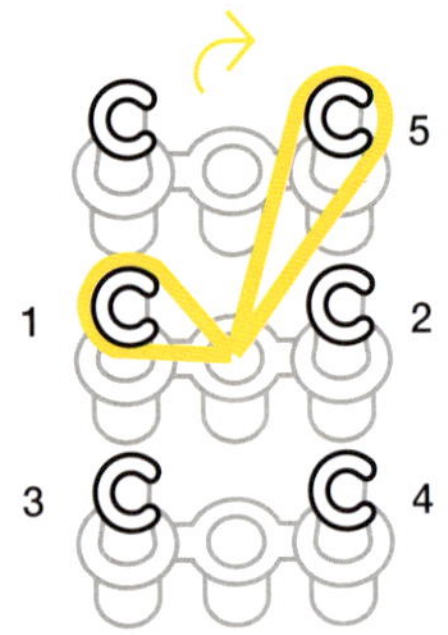

8/ Il faut ensuite changer les élastiques de picot afin de tordre la tresse. Pour ce faire, utilisez un cinquième picot que vous trouverez sur la troisième rangée. Vous devez avoir 2 élastiques par picot. Attrapez la boucle qui se situe en haut du picot 1 et placez-la sur le picot 5.

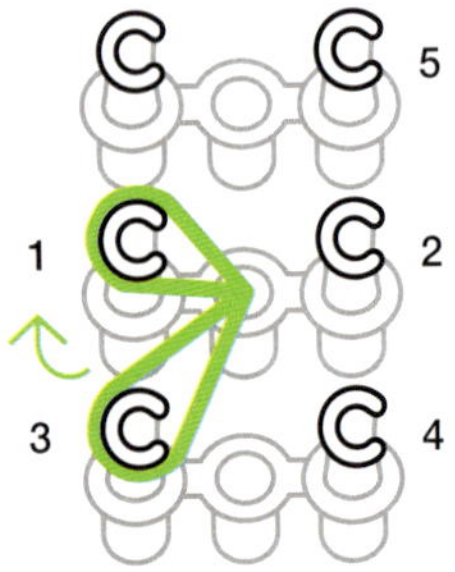

9/ Attrapez la boucle qui se situe en haut du picot 3 et placez-la sur le picot 1.

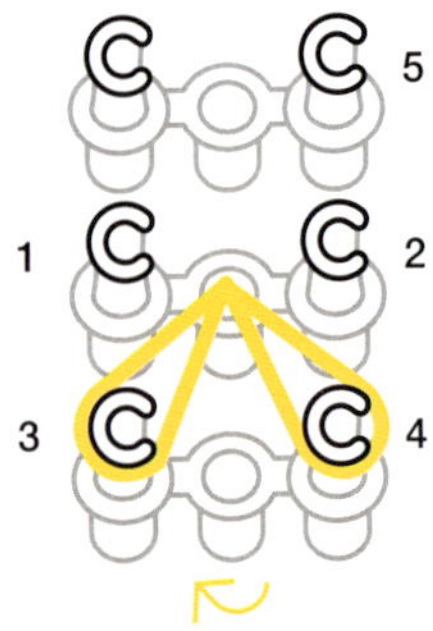

10/ Attrapez la boucle qui se situe en haut du picot 4 et et placez-la sur le picot 3.

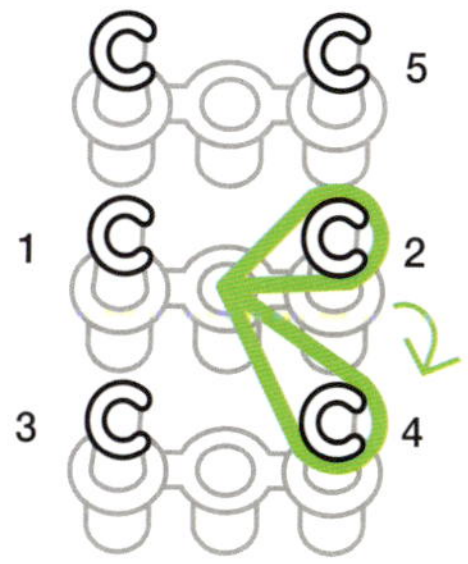

11/ Attrapez la boucle qui se situe en haut du picot 2 et placez-la sur le picot 4.

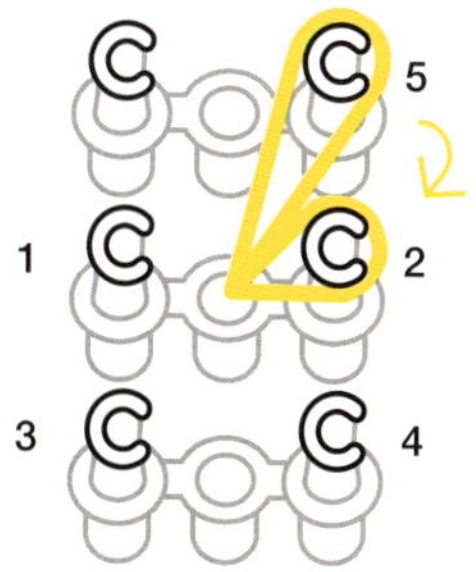

12/ Attrapez la boucle qui se situe sur le picot 5 et placez-la sur le picot 2.

Astuce : vous ne savez plus où vous en êtes de votre rotation ? Observez les couleurs sur le métier : vous devez avoir deux boucles de la même couleur sur chacun des picots.

TRESSAGE

13/ Répétez les étapes 5 à 12 jusqu'à ne plus avoir d'élastiques.

FIN DU TRESSAGE

14/ Dégagez la boucle située le plus bas sur chacun des quatre picots de départ.

Placez la boucle du picot 3 sur le picot 2 et la boucle du picot 1 sur le picot 4.

Dégagez la boucle située le plus bas sur les picots 2 et 4.

Ramenez la boucle située sur l'un des picots 2 ou 4 sur l'autre picot.

Placez un fermoir sur ces deux boucles et libérez votre ouvrage. Attachez l'autre côté de votre fermoir à l'autre extrémité du bracelet.

03/ BRACELET DOUBLE TRESSÉ

NIVEAU : EXPERT

03

Un bracelet original et élégant qui plaira au plus grand nombre ! Vous pouvez réaliser ce modèle avec deux ou trois couleurs seulement si vous souhaitez un bijou plus sobre…

Matériel :
- Nombre d'élastiques utilisés :
A : 76 élastiques noirs
B : 12 élastiques jaunes
C : 12 élastiques orange
D : 12 élastiques roses
E : 12 élastiques violets
F : 12 élastiques bleus
G : 12 élastiques verts
Total : 148 élastiques
- 1 fermoir
- 1 métier à tisser, placé devant vous, la flèche pointant vers la droite

Vous n'utiliserez qu'une seule colonne du métier à tisser.

Pensez à baisser régulièrement votre ouvrage au bas des picots afin de tresser le bracelet plus facilement.

Pour ce modèle, vous dégagerez les élastiques des picots en plaçant le crochet à l'extérieur du picot.

Vous devrez replier les élastiques sur eux-mêmes, en vous aidant de vos doigts, afin de former deux boucles avec un seul élastique ou 4 boucles avec deux élastiques avant de les placer sur les picots.

DÉBUT DU TRESSAGE

1/ Placez un élastique A entre les picots 2 et 3. Cet élastique sera plié en deux afin de former deux boucles qui seront croisées en leur centre afin de former un 8 autour des deux picots.

2/ Placez un élastique A plié en deux entre les picots 1 et 2, en le croisant en son centre et placez un élastique A plié en deux entre les picots 3 et 4 en le croisant en son centre.

Pour que la tresse soit régulière, les boucles doivent être croisées en leur centre dans deux sens opposés. Pour l'élastique qui sera placé entre les picots 1 et 2, c'est l'élastique qui va d'en haut à gauche vers le bas à droite qui devra passer sur l'autre élastique ; pour l'élastique qui sera entre les picots 3 et 4, ce sera l'inverse. Pensez à croiser les élastiques de cette façon à chaque fois que vous placerez des élastiques entre les picots 1 et 2, puis entre les picots 3 et 4.

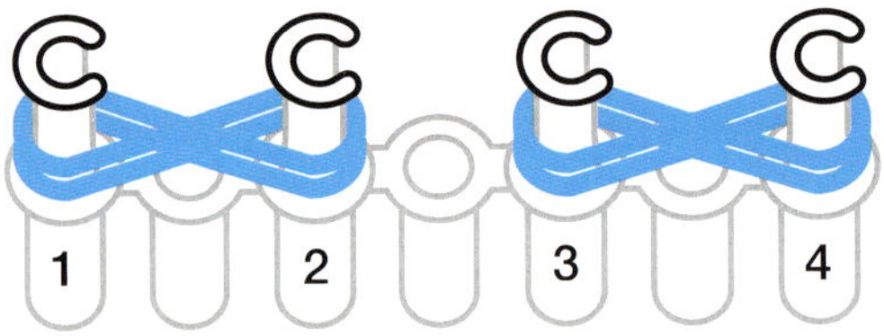

3/ Une fois que vous avez placé ces élastiques, dégagez les élastiques — donc les deux boucles — situés en bas du picot 2 et du picot 3.

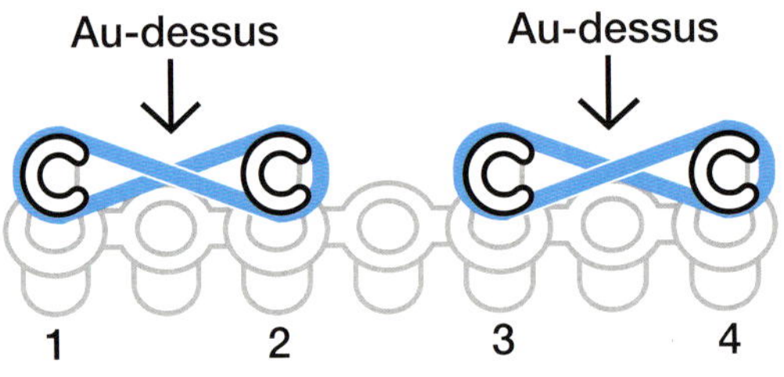

4/ Placez deux élastiques B (et, par la suite, C, D, E, F et G) pliés en deux afin de former quatre boucles qui seront placées entre les picots 2 et 3, sans les croiser en leur centre.

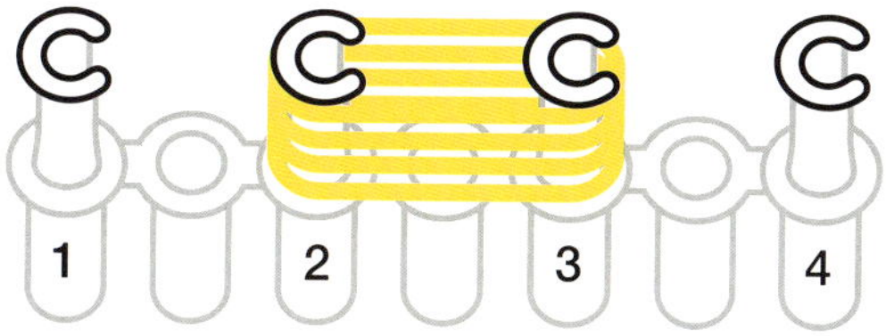

5/ Dégagez ensuite les deux boucles de l'élastique A qui se situent sur le picot 2, puis les deux boucles de l'élastique A qui se situent sur le picot 3. Ces boucles doivent venir se positionner autour de l'élastique B précédemment placé (et, par la suite, C, D, E, F et G).

6/ Répétez l'étape 2. Placez un élastique A plié en deux entre les picots 1 et 2, en le croisant en son centre et placez un élastique A plié en deux entre les picots 3 et 4, en le croisant en son centre.

7/ Dégagez les deux boucles de l'élastique A situées en bas du picot 1.

Dégagez les quatre boucles de l'élastique B (et, par la suite, C, D, E, F et G) situées en bas du picot 2.

Dégagez les quatre boucles de l'élastique B (et, par la suite, C, D, E, F et G) situées en bas du picot 3.

Dégagez les deux boucles de l'élastique A situées en bas du picot 4.

Pour continuer le tressage de ce modèle, vous devez répéter les étapes 4, 5, 6 et 7 jusqu'à épuisement des élastiques.

Attention : les élastiques entre les picots 1 et 2 et entre les picots 3 et 4 seront toujours de couleur A.

La couleur de la paire d'élastiques pliés en deux pour former quatre boucles entre les picots 2 et 3 change : vous devez donc changer de couleur (B, C, D, E, F et G) chaque fois que vous tresserez les élastiques à l'étape 4. Quand vous aurez utilisé votre dernier élastique coloré à l'étape 4, réalisez les étapes 5, 6 et 7, puis passez à la fin du tressage.

FIN DU TRESSAGE

8/ Placez un élastique A entre les picots 2 et 3. Cet élastique sera plié en deux afin de former deux boucles.

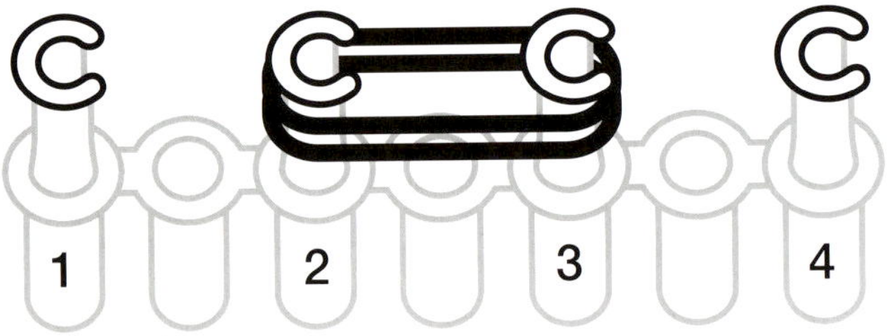

9/ Dégagez ensuite les deux boucles de l'élastique A qui se situent en bas du picot 2, puis les deux boucles de l'élastique A qui se situent en bas du picot 3.

10/ Dégagez délicatement les deux boucles de l'élastique A placées sur le picot 4 et venez les accrocher sur le picot 3.

Dégagez délicatement les deux boucles de l'élastique A qui sont placées sur le picot 1 et venez les accrocher sur le picot 2.

11/ Vous devez maintenant avoir quatre boucles sur chacun des deux picots. Ces quatre boucles sont en réalité deux élastiques pliés en deux, soit 2 × 2 boucles.

À l'aide du crochet, passez à l'intérieur du picot 2 et à l'intérieur des deux boucles situées en haut du picot. Attrapez les deux boucles du bas. Remontez-les avec le crochet en les maintenant bien et dégagez-les du picot. Continuez à tirer afin de dégager également les boucles du haut et les dégager, elles aussi, du picot. Ces boucles seront alors maintenues sur l'élastique que vous tenez avec le crochet. Placez les deux boucles que vous maintenez avec le crochet sur le picot 2.

Faites de même pour le picot 3 : à l'aide du crochet, passez à l'intérieur du picot et à l'intérieur des deux boucles situées en haut du picot. Attrapez les deux boucles du bas avec le crochet. Remontez-les avec le crochet en les maintenant bien et dégagez-les du picot. Continuez à tirer afin de dégager également les boucles du haut et les dégager, elles aussi, du picot. Ces boucles seront alors maintenues sur l'élastique que vous tenez avec le crochet. Placez maintenant les deux boucles que vous maintenez avec le crochet sur le picot 2 de manière à ce que les quatre boucles se retrouvent sur un seul picot.

12/ Placez un fermoir pour maintenir ces quatre boucles. Libérez votre ouvrage du métier à tisser. Attachez les deux boucles qui se situent à l'autre extrémité de votre bracelet avec l'autre côté du fermoir.

04/ BRACELET FROUFROU

NIVEAU : INTERMÉDIAIRE

04

Un modèle très spectaculaire pas si compliqué à réaliser et qui vous permettra de briller en soirée !

Matériel :

- Nombre d'élastiques utilisés :

A : 24 élastiques bicolores vert et mauve
B : 24 élastiques bicolores jaune et rose
C : 24 élastiques bicolores vert et bleu
D : 24 élastiques bicolores vert et rose
E : 24 élastiques bicolores jaune et orange
F : 20 élastiques bicolores bleu et rose
Total : 140 élastiques bicolores

- 1 fermoir
- 1 métier à tisser, placé devant vous, la flèche pointant vers la droite

Les rangées du métier à tisser seront toutes alignées.

Pensez à baisser régulièrement votre ouvrage en bas des picots afin de tresser plus facilement.

Lorsque vous dégagerez les élastiques des picots, veillez à ce que le crochet reste à l'extérieur du picot : l'élastique que vous remontez doit passer autour des élastiques placés sur le picot.

DÉBUT DU TRESSAGE

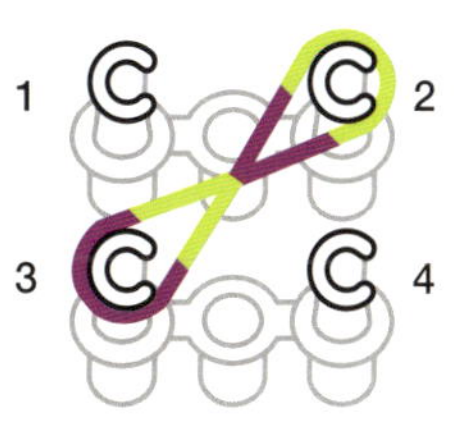

1/ Placez un élastique A entre les picots 2 et 3, en le croisant en son centre.

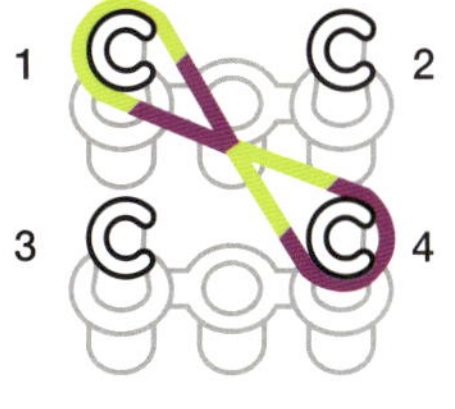

2/ Placez un élastique A entre les picots 1 et 4, en le croisant également en son centre.

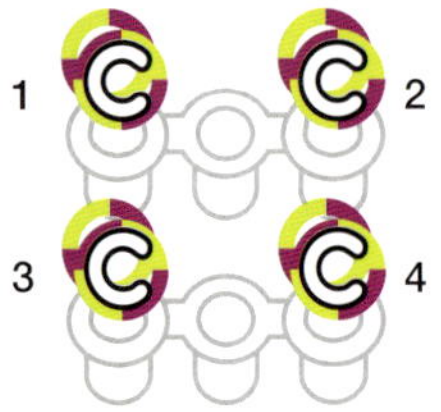

3/ Pliez un élastique A sur lui-même afin de former deux boucles. Placez cet élastique (c'est-à-dire les deux boucles) sur le picot 1. Répétez la même opération sur les picots 2, 3 et 4.

TRESSAGE

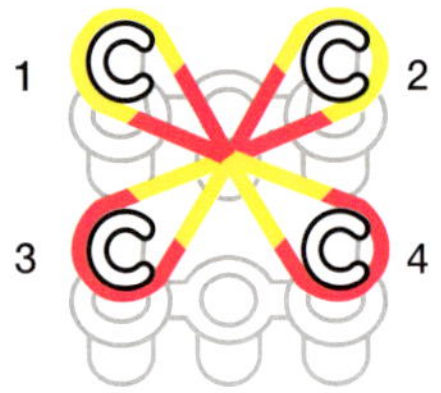

4/ Placez un élastique B croisé en son centre entre les picots 2 et 3, puis placez un élastique B croisé en son centre entre les picots 1 et 4.

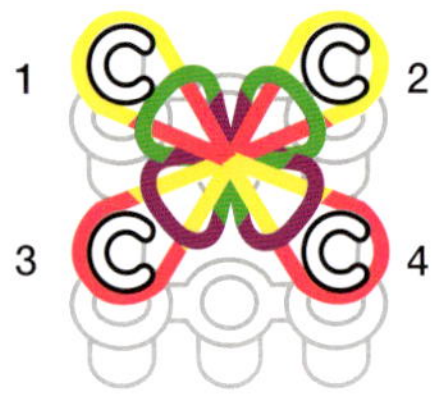

5/ À l'aide du crochet, dégagez l'élastique A du picot 1, c'est-à-dire celui qui se trouve le plus bas sur le picot (il ne s'agit pas de l'élastique plié en deux) et remontez-le en passant à l'extérieur du picot et des élastiques qui se trouvent sur ce picot. L'élastique A doit tenir à l'une des branches de la croix formée à l'étape 4 avec les élastiques B. Répétez la même opération avec les élastiques A situés sur les picots 2, 3 et 4.

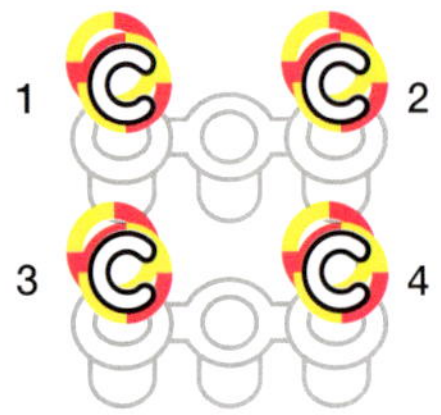

6/ Pliez un élastique B sur lui-même afin de former deux boucles. Placez cet élastique (c'est-à-dire les deux boucles) sur le picot 1. Répétez la même opération sur les picots 2, 3 et 4.

7/ À l'aide du crochet, dégagez complètement l'élastique A qui se trouve le plus bas sur le picot 1 (cet élastique a été plié en deux, vous dégagerez donc les deux boucles en même temps) et remontez-le en passant à l'extérieur du picot et des élastiques qui se trouvent sur ce picot. Une fois dégagé du picot, relâchez cet élastique : celui-ci se retrouvera sur une branche de la croix formée à l'étape 4 avec les élastiques B. Répétez la même opération pour les élastiques A situés sur les picots 2, 3 et 4.

RÉPÉTITION DU TRESSAGE

8/ Le principe de tressage de ce modèle repose sur la répétition de plusieurs étapes : placement d'une couche d'élastiques formant une croix, dégagement des élastiques formant une croix placés précédemment, placement d'une couche d'élastiques pliés en deux sur quatre picots, dégagement des élastiques pliés en deux sur quatre picots placés précédemment, et ainsi de suite.

Afin d'alterner les couleurs, vous devez répéter les étapes 4 à 7 en prenant une couleur différente à chaque fois que vous reprenez l'étape 4. À ce stade, vous avez tressé les élastiques de couleurs A et B, vous devez donc continuer le tressage en utilisant les élastiques des couleurs suivantes : C, D, E, F/A, B, C, D, E, F/A, B, C, D, E, F/A, B, C, D, E (mettez de côté deux élastiques de couleur F) jusqu'à obtenir la longueur souhaitée.

FIN DU TRESSAGE

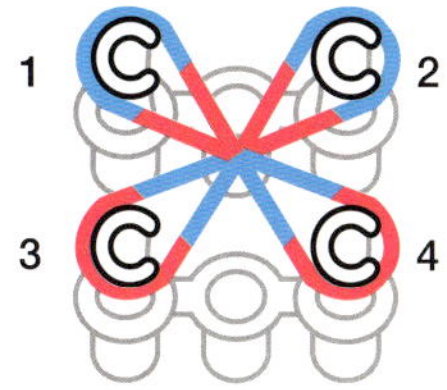

9/ Placez un élastique F croisé en son centre entre les picots 2 et 3, puis placez un élastique F croisé en son centre entre les picots 1 et 4.

10/ À l'aide du crochet, dégagez tous les élastiques qui se trouvent sur le picot 1, au-dessous de la croix précédemment formée avec des élastiques F. Ces élastiques doivent tous tenir à l'une des branches de la croix précédemment placée. Répétez la même opération avec les élastiques E situés sur les picots 2, 3 et 4. À ce stade du tressage, il doit y avoir un élastique sur chaque picot.

11/ À l'aide du crochet, attrapez l'élastique du picot 3 et accrochez-le sur le picot 2. Attrapez ensuite l'élastique du picot 4 et accrochez-le sur le picot 1.

12/ À l'aide du crochet, dégagez l'élastique le plus bas sur le picot 1. Dégagez l'élastique le plus bas sur le picot 2 en passant à l'extérieur du picot et de l'élastique au-dessus.

13/ À l'aide du crochet, attrapez l'élastique du picot 1 et accrochez-le sur le picot 2.

14/ Attachez les deux élastiques du picot 2 à l'un des côtés du fermoir. Libérez votre ouvrage du métier à tisser.

15/ À l'autre extrémité du bracelet, repérez le croisement de la première croix formée, attachez l'autre côté du fermoir aux deux élastiques qui forment cette croix.

05/ BRACELET DE PERLES SHAMBALLAS

NIVEAU : DÉBUTANT

05

Il suffit parfois de peu de chose pour sophistiquer un modèle : ici, les perles shamballas ajoute une touche chic...

Matériel :

- Nombre d'élastiques utilisés :
A : 42 élastiques blancs (en gris sur les schémas)
Total : 43 élastiques
- 10 perles shamballas (ici, 5 noires, 5 bleues)
- 1 fermoir
- 1 métier à tisser, placé devant vous, la flèche pointant vers le haut (la colonne centrale sera décalée de 1/2 picot vers le bas). Ce bracelet peut être tressé sur 2 métiers, attachés l'un à la suite de l'autre pour allonger le motif

ENFILAGE DES PERLES SUR LES ÉLASTIQUES

Avant de commencer le tressage, passez un élastique à l'intérieur de chacune des dix perles.

Afin de faciliter l'enfilage des perles, munissez-vous d'un fil fin d'une quinzaine de centimètres (du fil de pêche, par exemple) que vous plierez en deux. Plus ce fil sera rigide, plus l'enfilage sera facile.

1/ Enfilez un élastique sur ce fil et passez les deux extrémités du fil à l'intérieur de la perle. Tenez les deux extrémités du fil et tirez-les en même temps jusqu'à ce que l'élastique soit dans la perle.

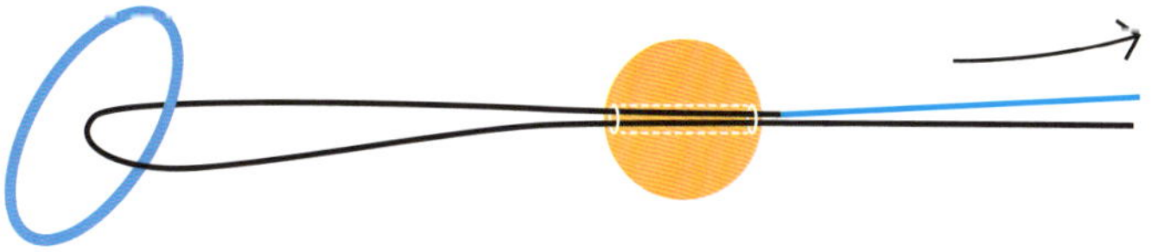

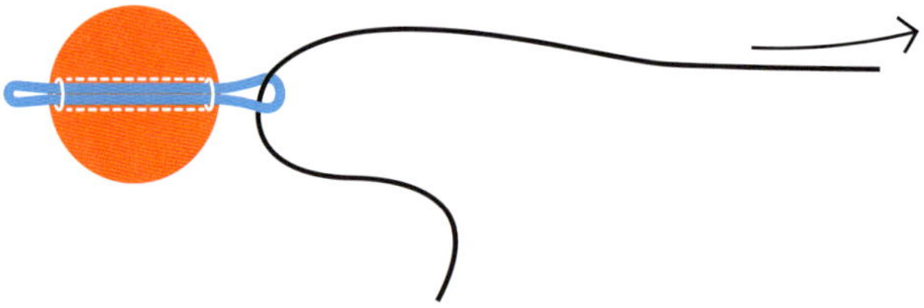

2/ Sortez votre fil de l'élastique. Centrez l'élastique dans la perle afin que le rendu soit régulier.

DÉBUT DU TRESSAGE

1/ Commencez par placer 26 élastiques A comme indiqué ci-contre.

Placez un élastique plié sur lui-même afin de former deux boucles que vous placerez sur le picot en haut de la colonne centrale (27A).

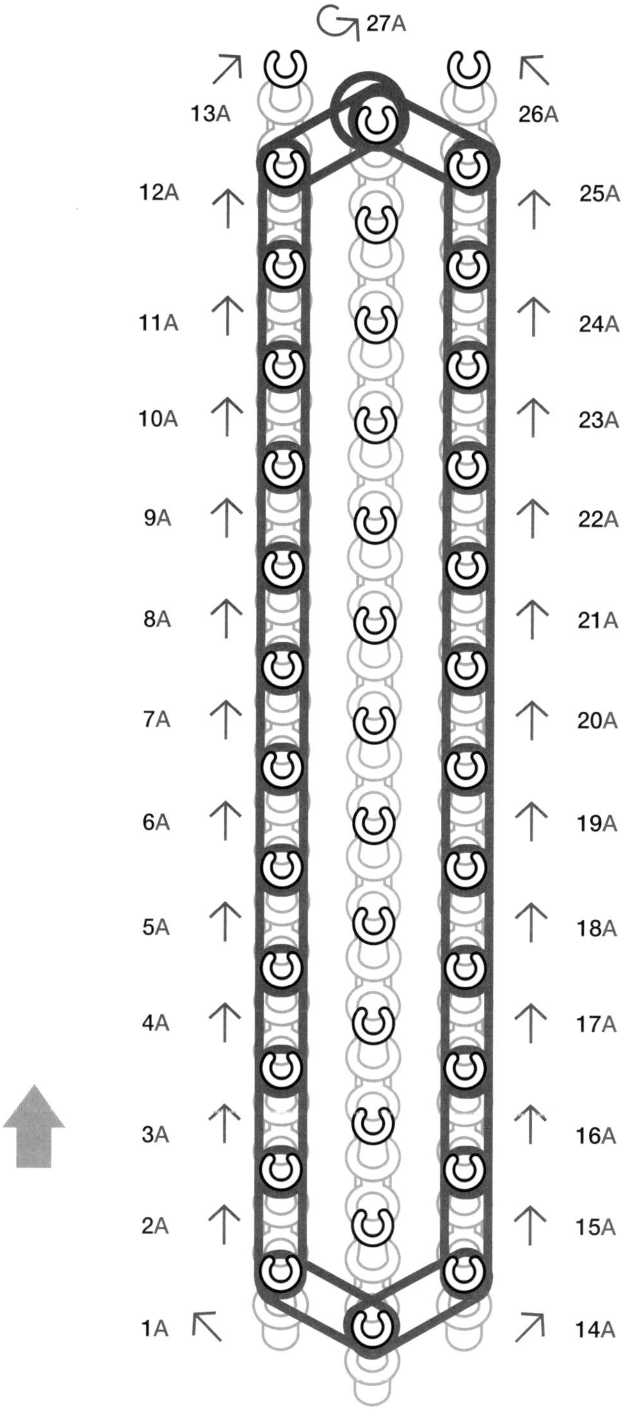
27A
13A
26A
12A
25A
11A
24A
10A
23A
9A
22A
8A
21A
7A
20A
6A
19A
5A
18A
4A
17A
3A
16A
2A
15A
1A
14A

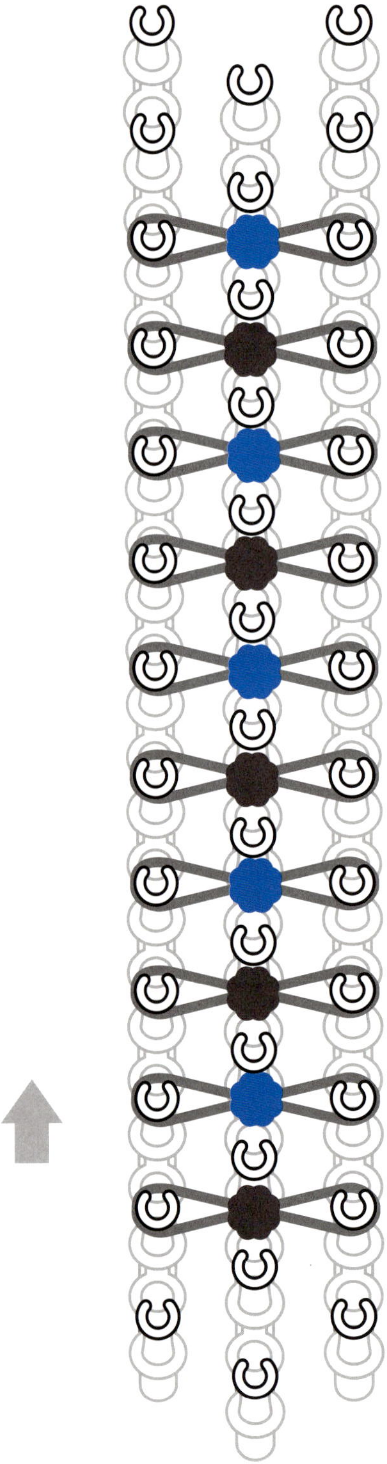

2/ Par-dessus la première couche d'élastiques, disposez les dix élastiques portant les perles en veillant à alterner les couleurs.

DÉGAGEMENT DES ÉLASTIQUES

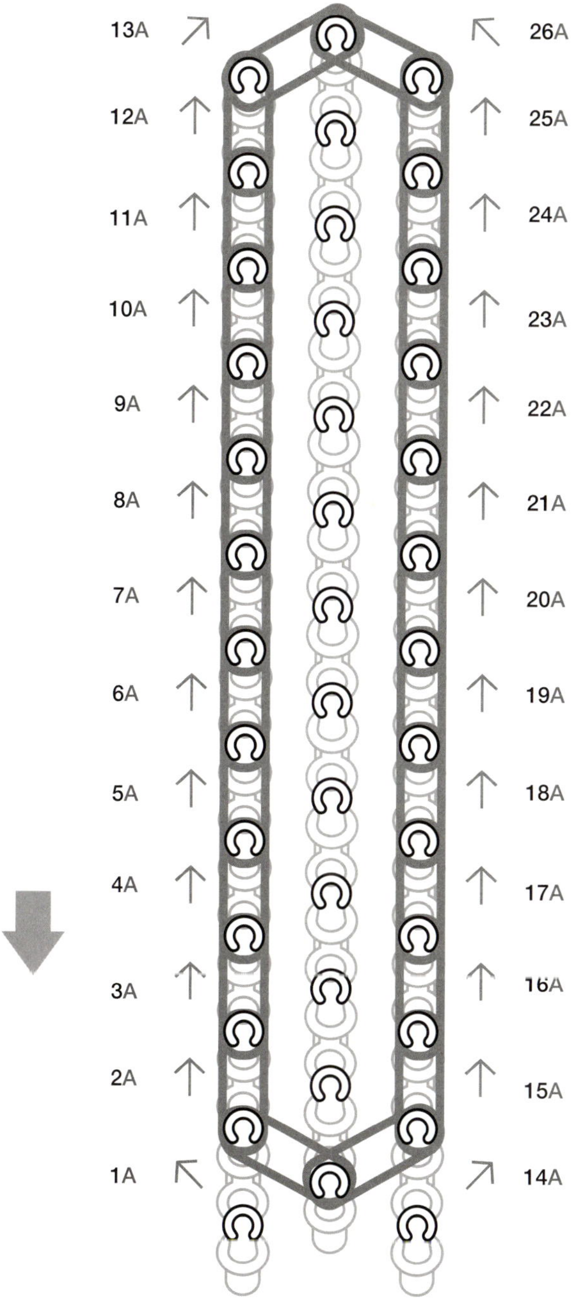

3/ Retournez le métier à tisser, la flèche pointant vers le bas.

Commencez à dégager les élastiques en suivant l'ordre indiqué. Chaque élastique dégagé doit être plié sur lui-même et venir se placer sur le picot qui maintient l'autre partie de l'élastique.

Placez le crochet à l'intérieur du picot et de l'élastique au-dessus pour dégager l'élastique (sauf 1A où l'élastique à dégager n'est pas celui situé le plus bas sur le picot).

4/ Lorsque tous les élastiques seront dégagés et remontés sur le dernier picot en haut du métier à tisser, attachez les quatre boucles de ce picot à l'un des côtés du fermoir afin que tous les élastiques de ce picot soient maintenus ensemble.

Libérez votre ouvrage du métier et mettez-le de côté.

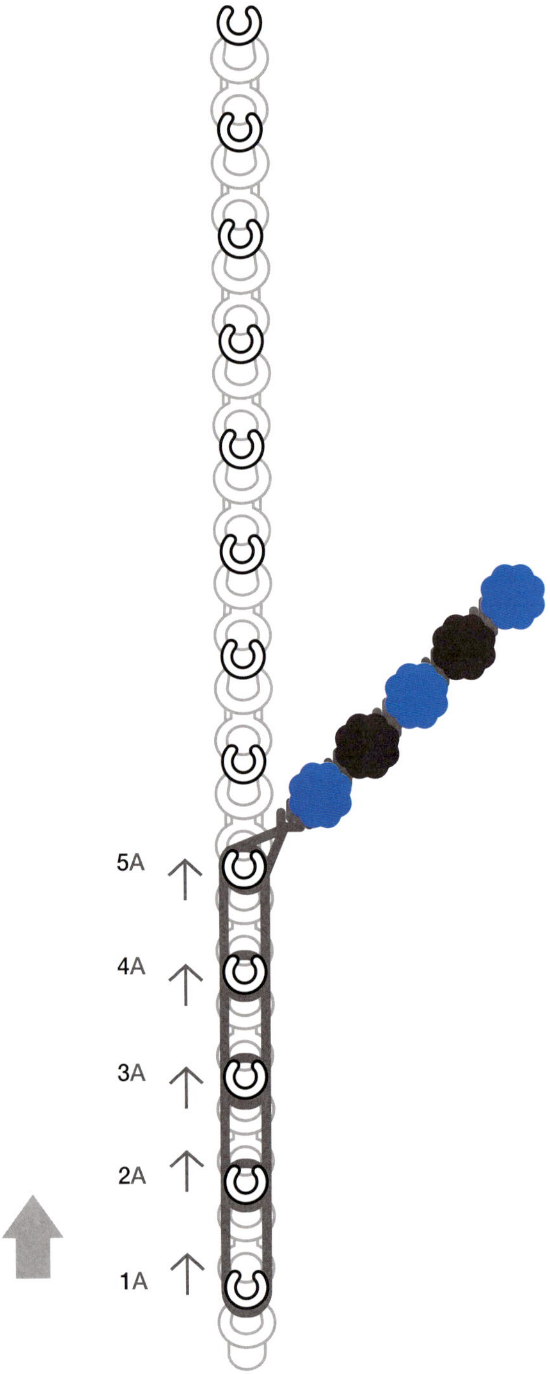

5/ Votre bracelet doit maintenant être rallongé à l'aide d'une chaînette de 5 élastiques ou plus, suivant la taille de votre poignet.

Cette chaînette sera tressée à l'aide d'une seule colonne du métier à tisser.

Placez le métier devant vous, la flèche pointant vers le haut. Placez les élastiques de couleur A comme indiqué sur le schéma ci-contre.

Placez les quatre boucles de votre bracelet, retenues par le fermoir, sur le dernier picot.

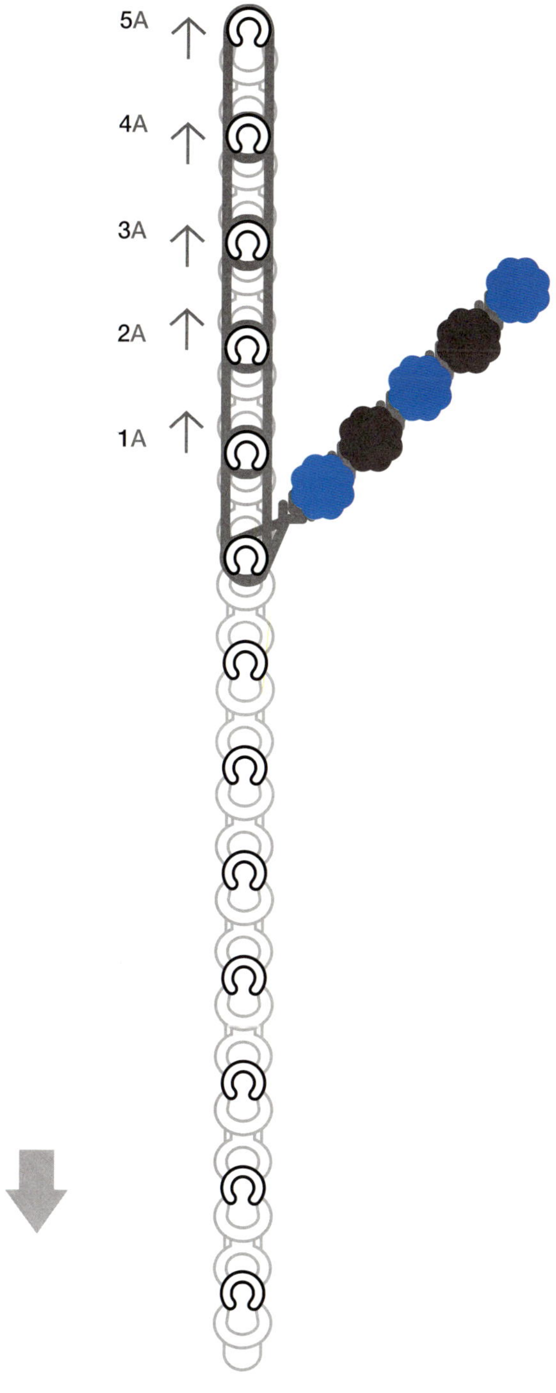

6/ Retournez le métier, puis dégagez les élastiques comme indiqué ci-contre.

Placez le crochet à l'intérieur du picot et des l'élastiques au-dessus pour dégager l'élastique. Chaque élastique dégagé doit être plié sur lui-même et venir se placer sur le picot qui maintient l'autre partie de l'élastique.

Enlevez ensuite le fermoir du bracelet. Attachez les deux boucles du dernier élastique qui se situent en haut de votre métier d'un côté du fermoir. Libérez votre bracelet.

Attachez les deux boucles de l'élastique qui se situent à l'autre extrémité du bracelet avec le fermoir.

06/ BRACELET TRIPLE RANGS

NIVEAU : EXPERT

06

Un bracelet aux couleurs acidulées pour l'été, mais pas que ! Vous pourrez vous amuser à utiliser des élastiques à texture boule, histoire de varier les plaisirs...

Matériel :

- Nombre d'élastiques utilisés :
  A : 79 élastiques blancs (en bleu sur les schémas)
  B : 25 élastiques jaunes à texture boule
  C : 25 élastiques roses à texture boule
  D : 25 élastiques orange à texture boule
  Total : 154 élastiques
- 4 fermoirs
- 1 métier à tisser, placé devant vous, la flèche pointant vers la droite (la rangée centrale sera décalée de 1/2 picot vers le bas)

DÉBUT DU TRESSAGE

1/ Commencez par placer les élastiques comme indiqué ci-dessous.

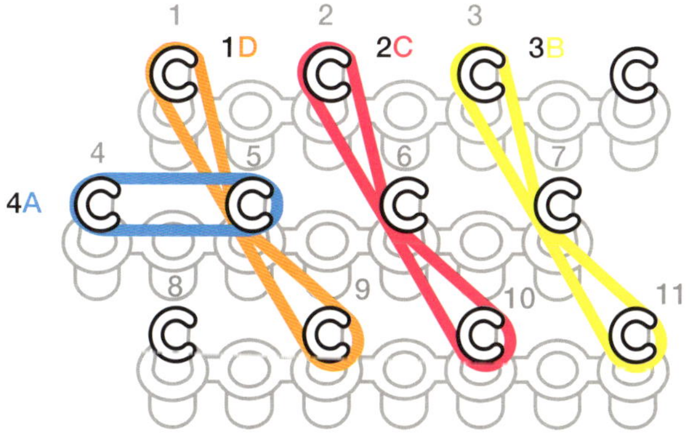

2/ Accrochez l'élastique 1D sur le picot 8 en le passant au-dessus de l'élastique 4A.

Placez l'élastique 5A entre les picots 5 et 6.

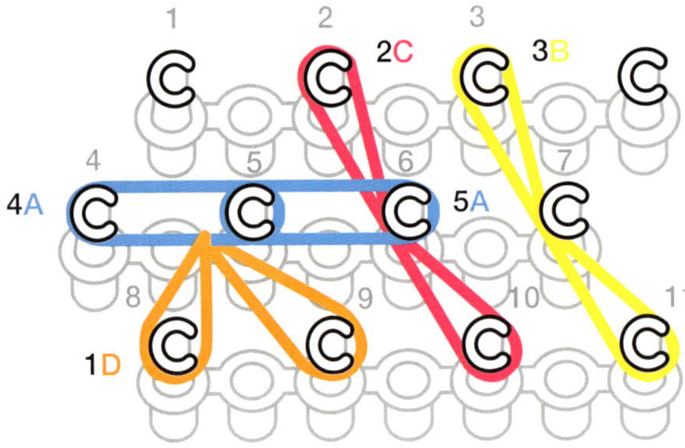

3/ Accrochez l'élastique 2C sur le picot 9 en le passant au-dessus de l'élastique 5A.

Placez l'élastique 6A entre les picots 6 et 7.

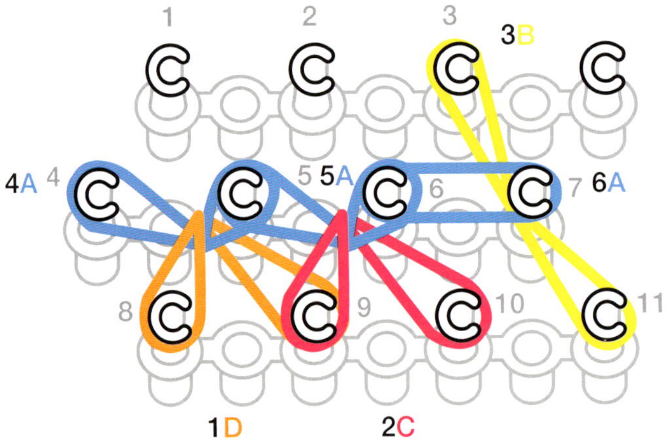

4/ Accrochez l'élastique 3B sur le picot 10 en le passant au-dessus de l'élastique 6A.

Dégagez l'élastique situé le plus bas sur les picots 5, 6, 9, 10.

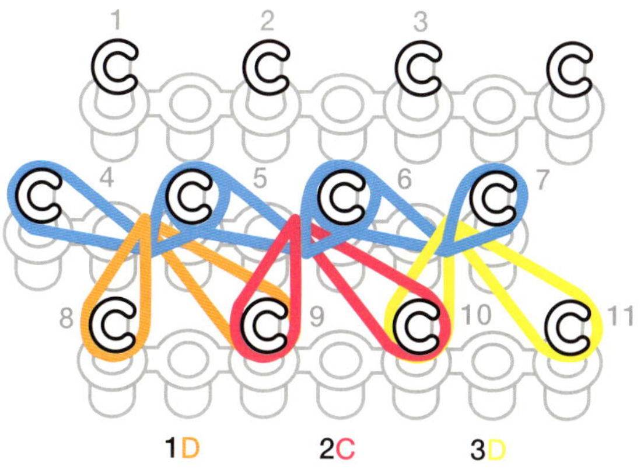

TRESSAGE

5/ Placez un élastique C entre les picots 1 et 9 en contournant le picot 5. Placez un élastique A entre les picots 4 et 5. Accrochez l'élastique du picot 1 sur le picot 8 comme au début l'étape 2. Dégagez l'élastique situé le plus bas sur les picots 4, 5, 8 et 9.

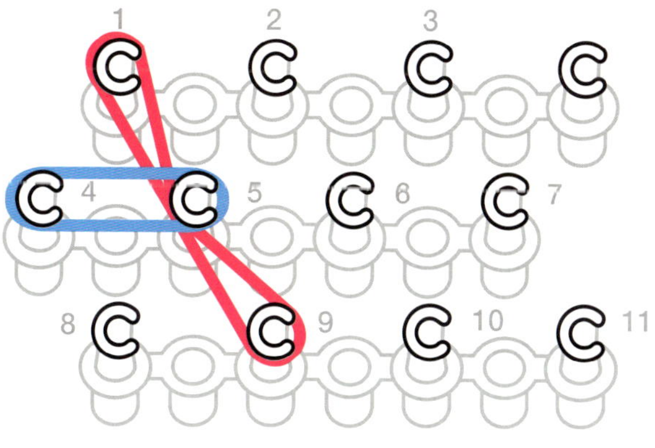

6/ Placez un élastique B entre les picots 2 et 10 en contournant le picot 6. Placez un élastique A entre les picots 5 et 6. Accrochez l'élastique du picot 2 sur le picot 9. Dégagez l'élastique situé le plus bas sur les picots 5, 6, 9 et 10.

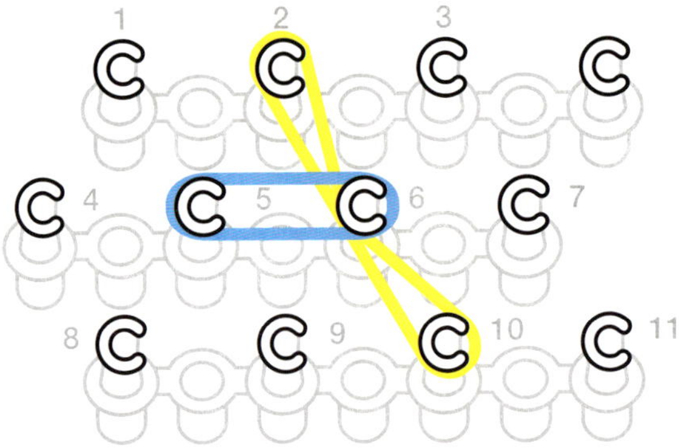

7/ Placez un élastique D entre les picots 3 et 11 en contournant le picot 7. Placez un élastique A entre les picots 6 et 7. Accrochez l'élastique du picot 3 sur le picot 10. Dégagez l'élastique situé le plus bas sur les picots 6, 7, 10 et 11.

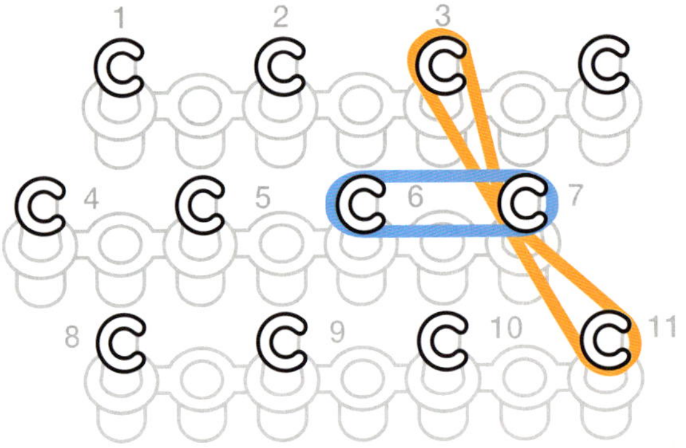

8/ Répétez les étapes 5, 6 et 7 jusqu'à épuisement des élastiques.

Pour obtenir un joli effet de tressage en diagonale, décalez les couleurs que vous utilisez. Ici, nous avons commencé par les couleurs suivantes : orange, rose, jaune (de gauche à droite), nous devrons donc poursuivre avec les couleurs suivantes : rose, jaune, orange, puis jaune, orange et rose (de gauche à droite).

FIN DU TRESSAGE

9/ Terminez à l'étape 7 : il ne doit vous rester que quatre élastiques de couleur A.

Placez un élastique A entre les picots 4 et 8 , un élastique A entre les picots 5 et 9 , un élastique A entre les picots 6 et 10, et un élastique A entre les picots 7 et 11.

Dégagez tous les élastiques situés le plus bas sur ces huit picots.

Accrochez l'élastique du picot 4 sur le picot 8, l'élastique du picot 5 sur le picot 9, l'élastique du picot 6 sur le picot 10, et l'élastique du picot 7 sur le picot 11.

Attachez les deux boucles du picot 8 avec un fermoir, les deux boucles du picot 9 avec un deuxième fermoir, du picot 10 avec un troisième fermoir et du picot 11 avec le quatrième fermoir. Libérez votre ouvrage du métier. Attachez les quatre fermoirs à l'autre extrémité du bracelet.

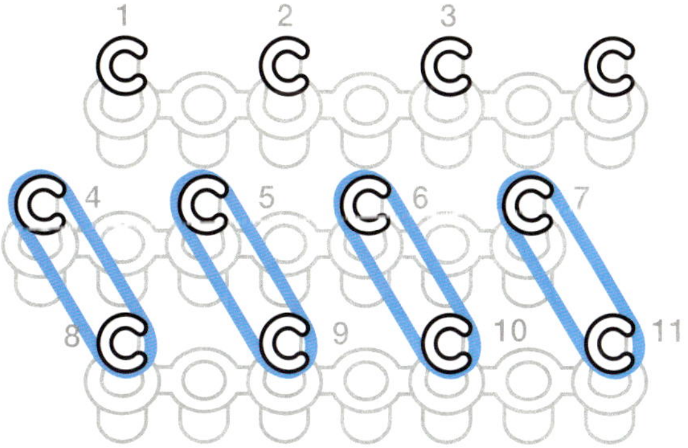

07/ BRACELET PLAYA

NIVEAU : INTERMÉDIAIRE

07

Un modèle bling-bling réalisé à partir d'élastiques à paillettes, qui s'accorderont parfaitement avec votre bronzage estival…

Matériel :

- Nombre d'élastiques utilisés :
A : 44 élastiques blancs (en gris sur les schémas)
B : 38 élastiques bleus à paillettes
C : 38 élastiques violets à paillettes
Total : 120 élastiques
- 1 fermoir
- 1 métier à tisser, la flèche pointant vers le bas (vous ôterez la rangée centrale de celui-ci)

Les rangées du métier à tisser seront toutes alignées.

Vous utiliserez seulement quatre picots : les deux picots de la colonne de droite en bas et les deux picots de la colonne de gauche en bas.

Pensez à baisser régulièrement votre ouvrage en bas des picots afin de tresser plus facilement.

DÉBUT DU TRESSAGE

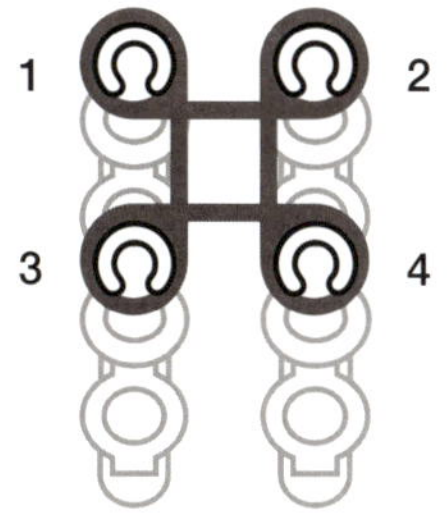

1/ Placez un élastique A autour des picots 1, 2, 3 et 4, puis, à l'aide du crochet, dégagez-le du picot 1, tournez-le afin qu'il entoure le picot. Répétez la même opération avec les picots 2, 3 et 4.

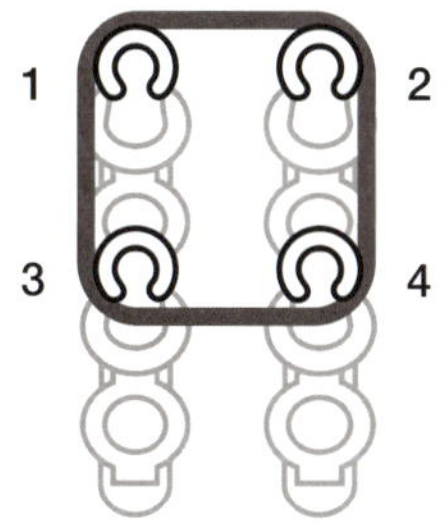

2/ Placez un élastique A autour des picots 1, 2, 3 et 4 (il viendra donc au-dessus de l'élastique de l'étape 1).

3/ Dégagez la boucle qui se situe au bas du picot 1. Répétez la même opération avec les picots 2, 3 et 4. Passez le crochet à l'extérieur des picots et à l'extérieur de l'élastique placé à l'étape 2.

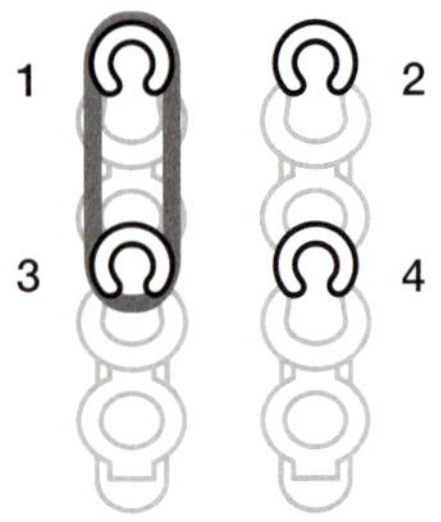

4/ Placez un élastique A entre les picots 1 et 3.

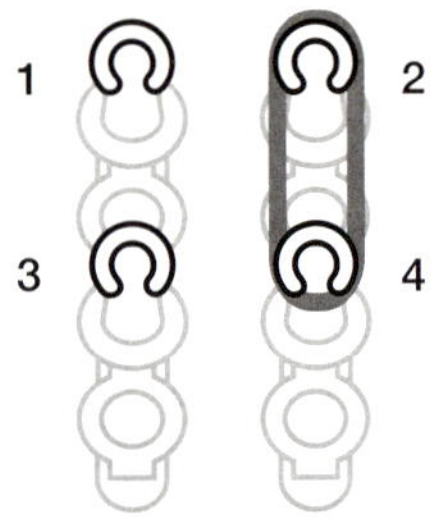

5/ Placez un élastique A entre les picots 2 et 4.

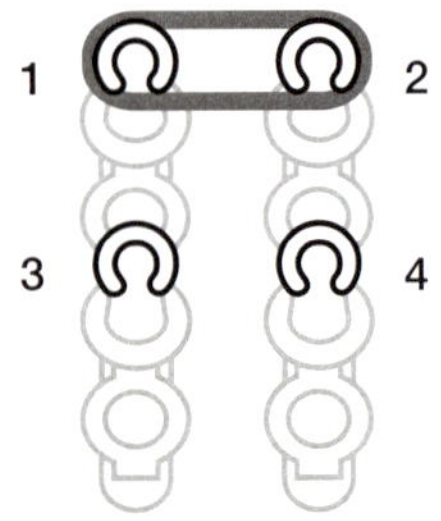

6/ Placez un élastique A entre les picots 1 et 2.

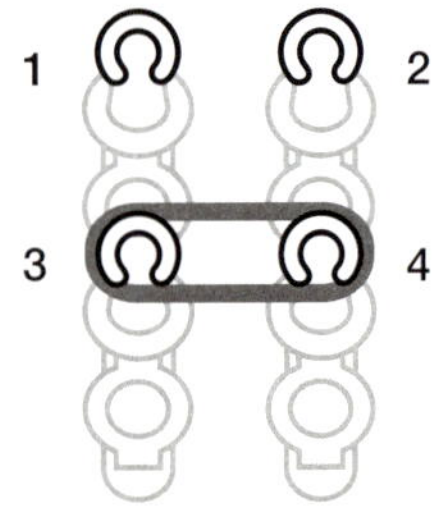

7/ Placez un élastique A entre les picots 3 et 4.

8/ Dégagez la boucle qui se situe au bas du picot 1. Faites de même pour les picots 2, 3 et 4.

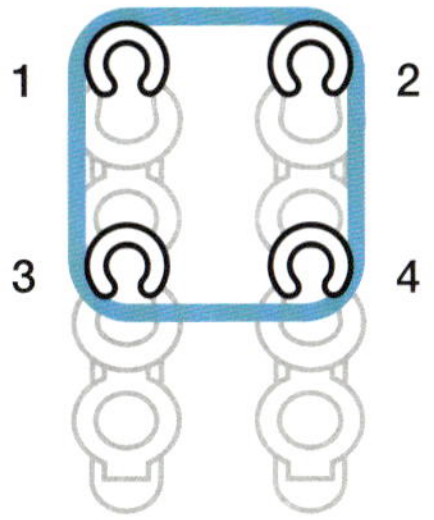

9/ Placez deux élastiques B autour des picots 1, 2, 3 et 4.

10/ Dégagez les deux boucles qui se situent au bas du picot 1. Répétez la même opération avec les picots 2, 3 et 4.

TRESSAGE

11/ Répétez les étapes 4, 5, 6, 7 et 10 avec des élastiques de couleur B. Répétez l'étape 9 avec des élastiques de couleur A, puis enchaînez avec l'étape 10.

12/ Répétez les étapes 4, 5, 6, 7 et 10 avec des élastiques de couleur C. Répétez l'étape 9 avec des élastiques de couleur A, puis enchaînez avec l'étape 10.

13/ À la fin de cette étape, passez votre doigt sous le métier et retournez le tressage à la manière d'une chaussette afin qu'il « pointe » maintenant vers le haut.

14/ Répétez les étapes 11 et 12 jusqu'à épuisement des élastiques B et C en tirant légèrement sur le bracelet au fur et à mesure du tressage. Il doit alors vous rester quatre élastiques de couleur A.

Répétez les étapes 4, 5, 6, 7 et 8 avec des élastiques de couleur A.

FIN DU TRESSAGE

15/ Détachez les deux boucles situées sur le picot 2 à l'aide du crochet et accrochez-les sur le picot 4. Détachez les deux boucles situées sur le picot 1 à l'aide du crochet et accrochez-les sur le picot 3.

Dégagez les deux boucles situées en bas du picot 4. Dégagez les deux boucles situées en bas du picot 3. Détachez les deux boucles situées sur le picot 3 à l'aide du crochet et accrochez-les sur le picot 4.

16/ Attachez ces quatre boucles à l'un des côtés du fermoir. Libérez votre bracelet. Attachez deux élastiques de l'autre extrémité du bracelet à l'autre côté du fermoir.

Attention : le résultat de ce bracelet dépendra de la qualité des élastiques que vous utiliserez. Ici, nous avons utilisé des élastiques qui ont tendance à se rétracter, si vous utilisez des élastiques plus lâches, réduisez le nombre des élastiques pour obtenir la taille voulue.

08/ SAUTOIR TROIS RANGS

NIVEAU : DÉBUTANT

08 Une pièce spectaculaire qui se mariera parfaitement à une petite robe noire.

Matériel :
- Nombre d'élastiques utilisés :
A : 83 élastiques jaunes
B : 83 élastiques orange
C : 83 élastiques roses
D: 83 élastiques violets
E : 83 élastiques bleus
F : 84 élastiques verts
Total : 499 élastiques
- 4 fermoirs (3 pour le tressage, 1 définitif)
- 1 métier à tisser, la flèche pointant vers la droite

Pour ce modèle, vous utiliserez seulement deux picots d'une rangée du métier.

Pensez à baisser régulièrement votre ouvrage en bas des picots afin de tresser plus facilement.

DÉBUT DU TRESSAGE

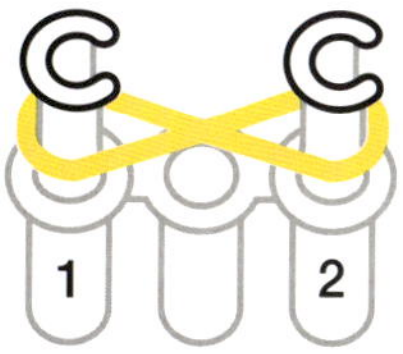

1/ Placez un élastique A entre les picots 1 et 2, en le croisant en son centre.

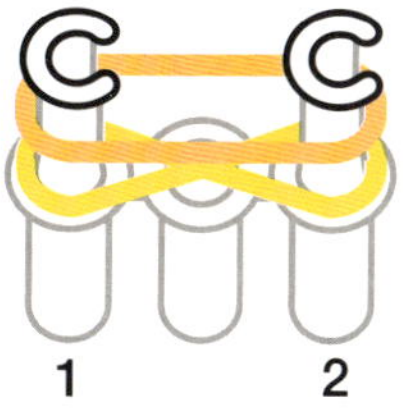

2/ Placez un élastique B entre les picots 1 et 2, sans le croiser en son centre.

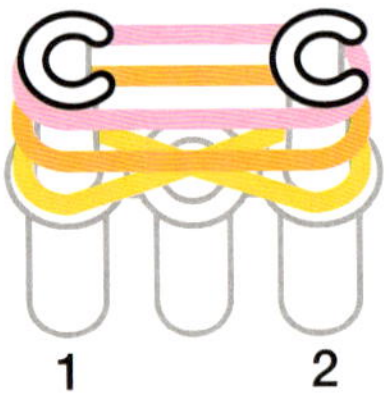

3/ Placez un élastique C entre les picots 1 et 2, sans le croiser en son centre.

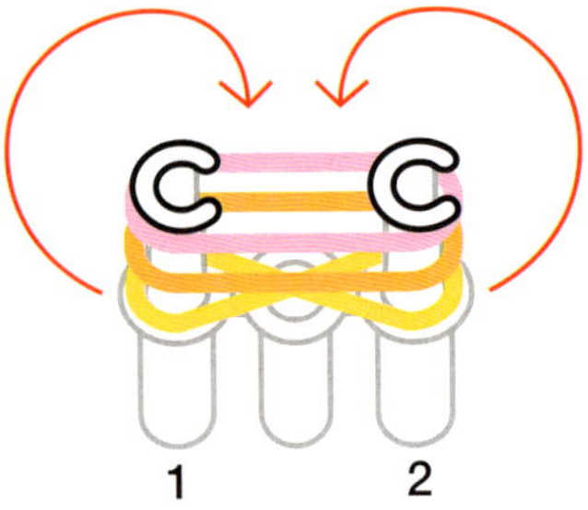

4/ Dégagez l'élastique situé au bas de chacun des deux picots.

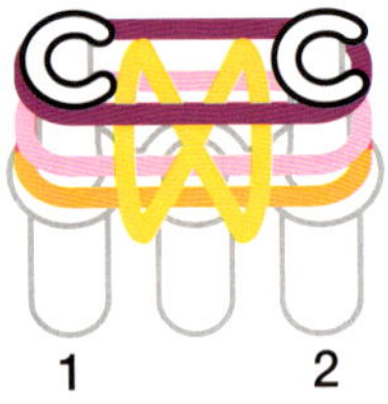

5/ Placez un élastique D (et, par la suite, E et F) entre les picots 1 et 2, sans le croiser en son centre.

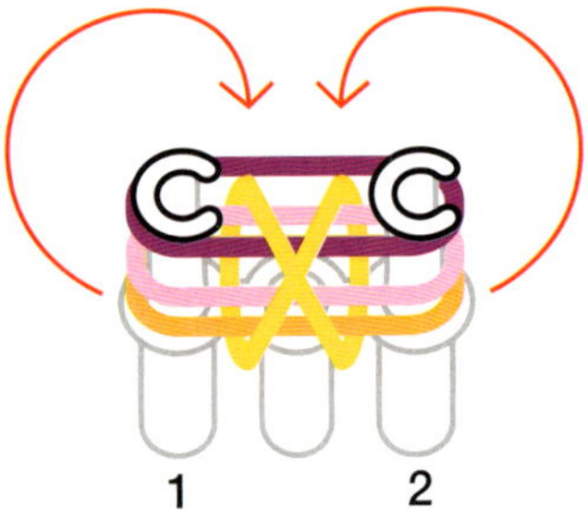

6/ Dégagez l'élastique situé en bas de chacun des deux picots.

TRESSAGE

7/ Répétez les étapes 5 et 6 jusqu'à avoir tressé les longueurs indiquées ci-dessous :

– Premier rang : 23 séries avec les couleurs A, B, C, D, E et F.

– Deuxième rang : 28 séries avec les couleurs A, B, C, D, E et F.

– Troisième rang : 32 séries avec les couleurs A, B, C, D, E et F.

FIN DU TRESSAGE

8/ À la fin de chaque tresse, procédez de la manière suivante : à ce stade, il doit rester deux élastiques sur chaque picot, dégagez alors l'élastique situé au bas de chacun des deux picots. Il doit maintenant vous rester un élastique sur chaque picot.

Attachez les deux boucles de ce dernier élastique sur un côté du fermoir. Libérez le rang du métier à tisser. Étirez-le légèrement pour lui donner une jolie forme. Procédez de la même manière pour terminer le tressage des trois rangs.

9/ Une fois vos trois rangs tressés, attachez ensemble les boucles à l'extrémité des trois rangs avec un fermoir. À l'aide du crochet que vous passerez dans les deux boucles à l'extrémité de chacun des trois rangs, passez un élastique de couleur F dans les deux boucles de chaque rang (maintenues en attente par le fermoir). Ce dernier élastique doit maintenant retenir les six boucles des trois derniers élastiques de chaque rang.

Attachez les deux boucles de ce dernier élastique à l'autre côté du fermoir.

Enlevez les trois fermoirs de travail.

09/ COLLIER DE PERLES

NIVEAU : DÉBUTANT

09

Ce modèle génial est sans doute l'un des plus faciles à réaliser ! Il suffit parfois d'ajouter quelques perles pour réaliser un bijou unique...

Matériel :

- Nombre d'élastiques utilisés :
A : 28 élastiques violets
B : 28 élastiques roses
C : 28 élastiques dorés
Total : 84 élastiques
- Nombre de perles utilisées :
24 perles violettes
24 perles roses
24 perles dorées
- 1 fermoir
- 1 métier à tisser, la flèche pointant vers la droite

Passez une perle de chaque couleur sur un élastique de la même couleur comme indiqué dans l'introduction (cf. Conseils & astuces, pages 15-16). Il doit vous rester quatre élastiques de chaque couleur sans perle.

Pour tresser ce collier, un seul rang du métier à tisser sera utilisé, sur deux picots.

Pensez à baisser régulièrement votre ouvrage en bas des picots afin de tresser plus facilement.

Vous dégagerez les élastiques par l'extérieur sauf pour l'étape 10.

DÉBUT DU TRESSAGE

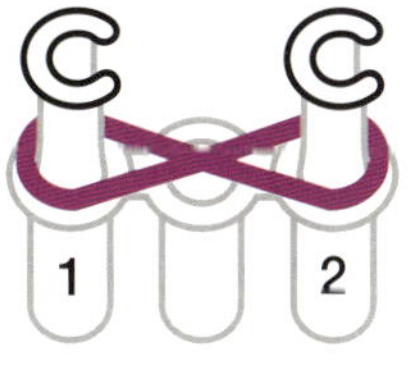

1/ Placez un élastique A sans perle entre les deux picots, en le croisant en son centre.

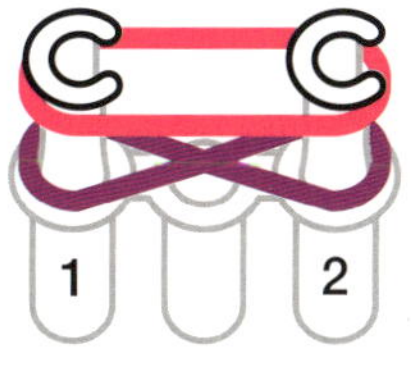

2/ Placez un élastique B sans perle entre les deux picots, sans le croiser en son centre.

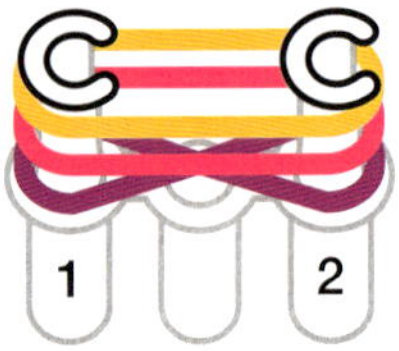

3/ Placez un élastique C sans perle entre les deux picots, sans le croiser en son centre.

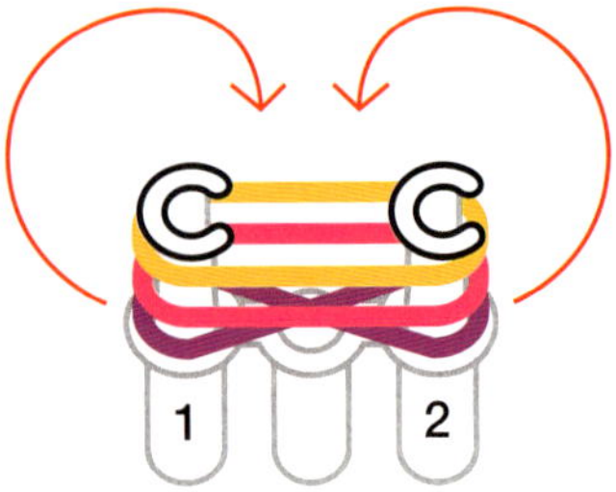

4/ Dégagez l'élastique situé au bas de chacun des deux picots.

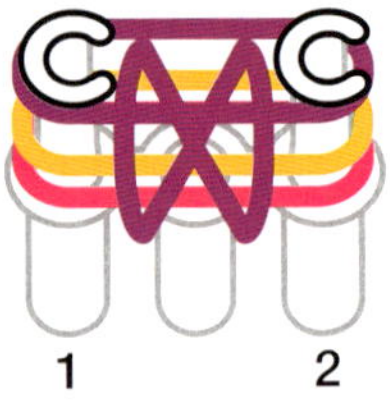

5/ Placez un élastique A sans perle entre les deux picots, sans le croiser en son centre.

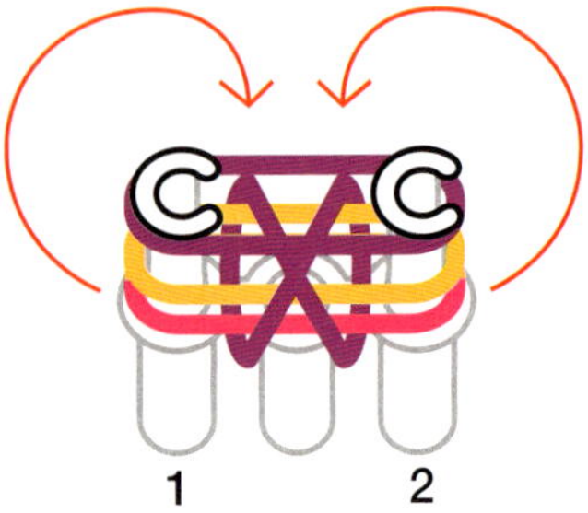

6/ Dégagez l'élastique situé au bas de chacun des deux picots.

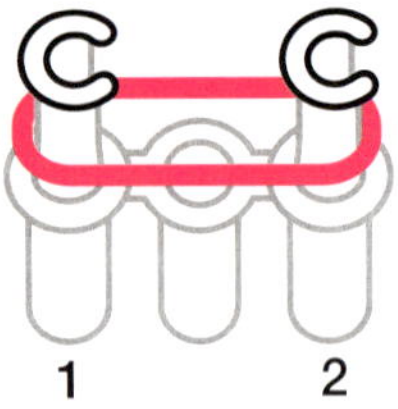

7/ Placez un élastique B sans perle entre les deux picots, sans le croiser en son centre.

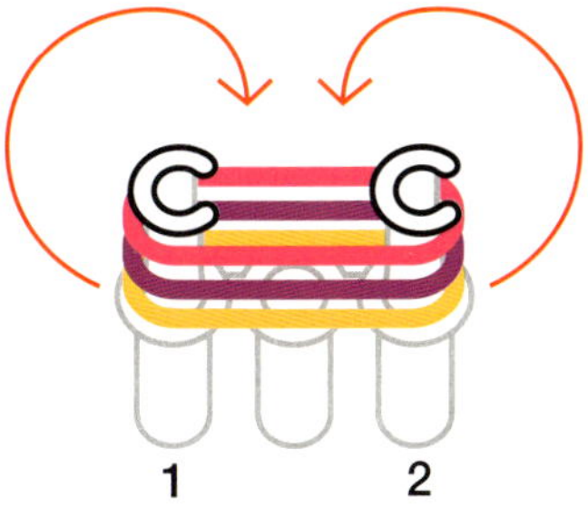

8/ Dégagez l'élastique situé au bas de chacun des deux picots.

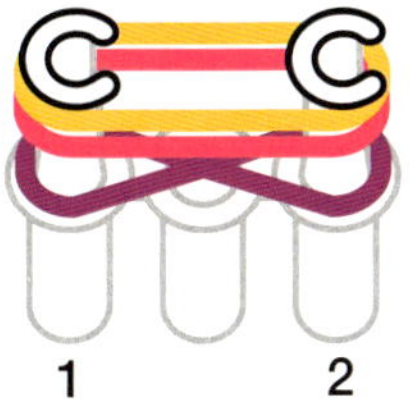

9/ Placez un élastique C sans perle entre les deux picots, sans le croiser.

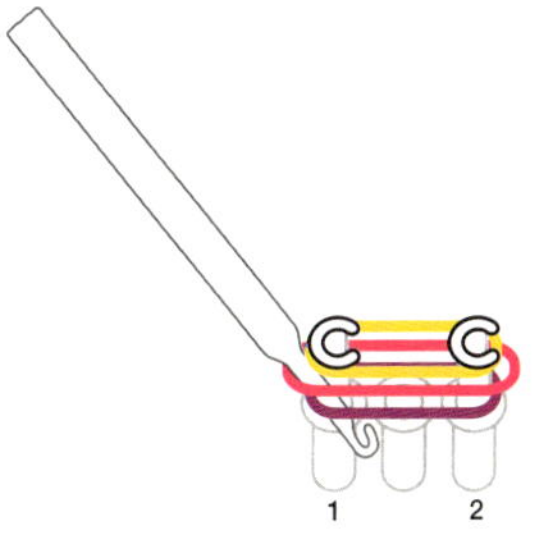

10/ Dégagez l'élastique situé au bas de chacun des deux picots, en passant le crochet à l'extérieur de l'élastique situé en haut mais à l'intérieur de l'élastique situé au milieu.

TRESSAGE

11/ Pour continuer le tressage de ce modèle, vous devez répéter les étapes 9 et 10 jusqu'à avoir tressé tous les élastiques avec une perle. Finissez le tressage avec les six élastiques (c'est-à-dire deux de chaque couleur) qui ne portent pas de perle.

FIN DU TRESSAGE

12/ Quand vous avez tressé tous les élastiques avec perles, dégagez un élastique afin qu'il ne vous reste que deux élastiques sur chaque picot.

Dégagez ensuite l'élastique situé au bas de chacun des deux picots. Il doit alors rester un élastique sur chaque picot.

Attachez les deux boucles de ce dernier élastique sur un côté du fermoir. Attachez les élastiques situés à l'autre extrémité avec l'autre côté du fermoir.

10/ BAGUE PÉTALES

NIVEAU : INTERMÉDIAIRE

10 Envie d'un bijou bucolique ? Lancez-vous dans la réalisation de cette jolie bague...

Matériel :
- Nombre d'élastiques utilisés :
A : 6 élastiques verts à texture boule
B : 13 élastiques orange à paillettes
C : 3 élastiques jaune fluo
Total : 22 élastiques
- 1 fermoir
- 1 métier à tisser

Pour tresser cette bague, vous utiliserez seulement deux rangs, l'un sera mis dans le sens inverse de l'autre comme indiqué sur les schémas ci-dessous.

Pensez à baisser régulièrement votre ouvrage en bas des picots afin de tresser plus facilement.

DÉBUT DU TRESSAGE

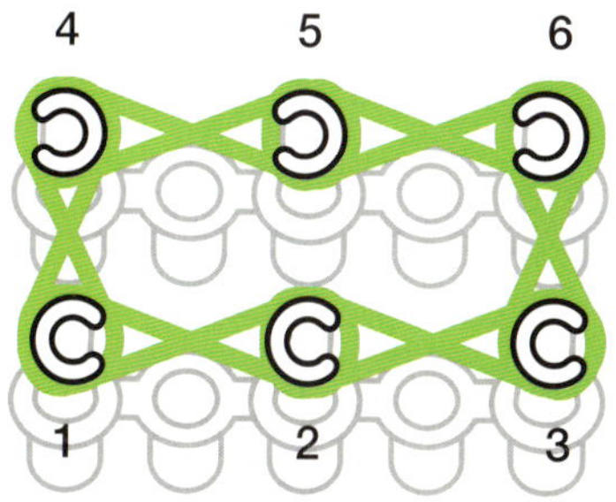

1/ Placez un élastique A entre les picots 1 et 2, un élastique A entre les picots 2 et 3, un élastique A entre les picots 3 et 6, un élastique A entre les picots 6 et 5, un élastique A entre les picots 5 et 4, un élastique A entre les picots 4 et 1, en les croisant tous en leur centre.

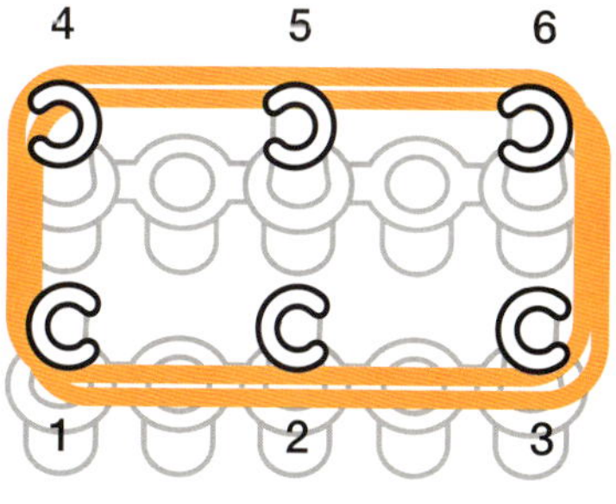

2/ Placez deux élastiques B autour des six picots.

3/ Dégagez les deux élastiques A situés le plus bas sur chaque picot, en positionnant toujours le crochet à l'extérieur des picots pour faire repasser les élastiques au-dessus.

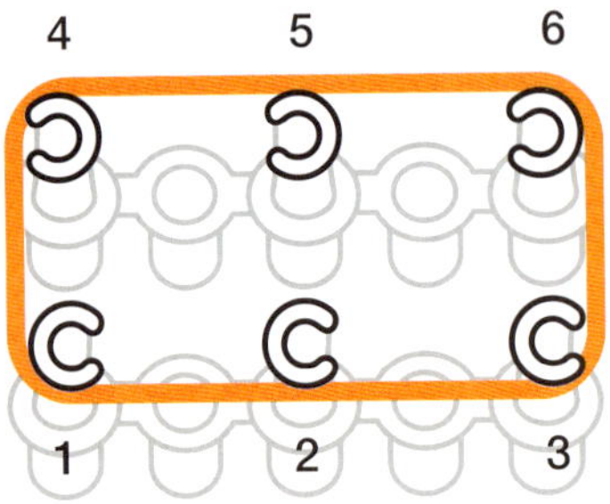

4/ Lors de cette étape, vous placerez un élastique autour des 6 picots et vous dégagerez ensuite l'élastique situé le plus bas sur chacun des picots (attention au début à ne prendre qu'un seul des deux élastiques de couleur B car ils seront très rapprochés). Répétez cette étape 5 fois afin de tresser l'intérieur de la fleur.

Voici l'ordre des couleurs des élastiques que vous devrez utiliser : C/B/C/B/C.

FIN DU TRESSAGE

5/ Dégagez l'élastique situé au plus bas de chaque picot afin qu'il ne reste plus qu'un seul élastique par picot.

Faites passer l'élastique (en l'enlevant de son picot et en le plaçant sur le picot indiqué) du picot 1 sur le picot 2 , du picot 4 sur le picot 5 et du picot 3 sur le picot 6.

Dégagez ensuite l'élastique situé le plus bas sur chacun de ces trois picots.

6/ Placez un élastique B des picots 5, 6 et 2, puis dégagez l'élastique situé le plus bas sur chacun des picots.

À l'aide du crochet, enlevez l'élastique du picot 6 et accrochez-le sur le picot 5. Enlevez l'élastique du picot 2 et accrochez-le sur le picot 5 afin que toutes les boucles soient maintenues sur le même picot. Attachez ces trois boucles avec un côté du fermoir afin de maintenir ces trois boucles réunies, libérez la fleur de votre métier à tisser. Tirez délicatement sur les élastiques formant les pétales afin de leur donner une jolie forme.

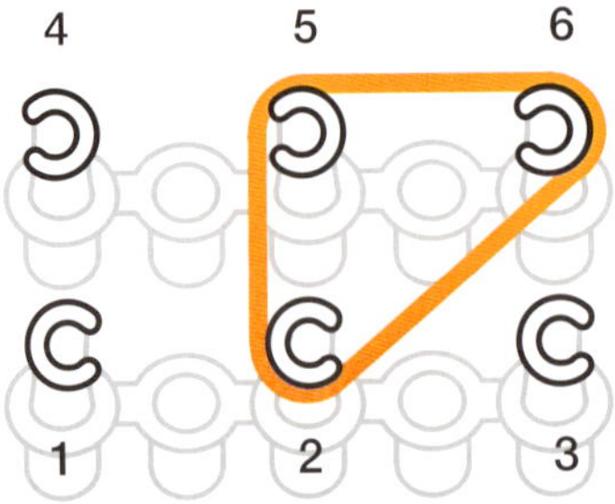

TRESSAGE DE LA CHAÎNETTE

7/ Remettez toutes les rangées du métier dans le même sens et disposez-le devant vous, la flèche pointant vers le haut. Vous utiliserez seulement neuf picots du métier.

Placez huit élastiques B comme indiqué sur le schéma ci-dessous. Placez ensuite les trois boucles de la fleur attachées par le fermoir sur le picot du haut.

Enlevez le fermoir mais mettez-le de côté pour fermer la chaînette.

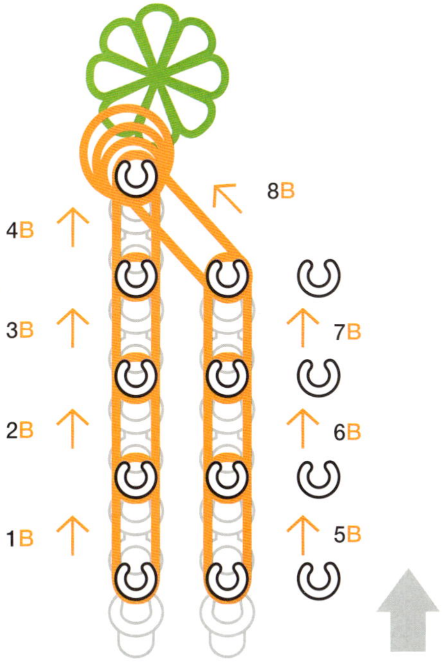

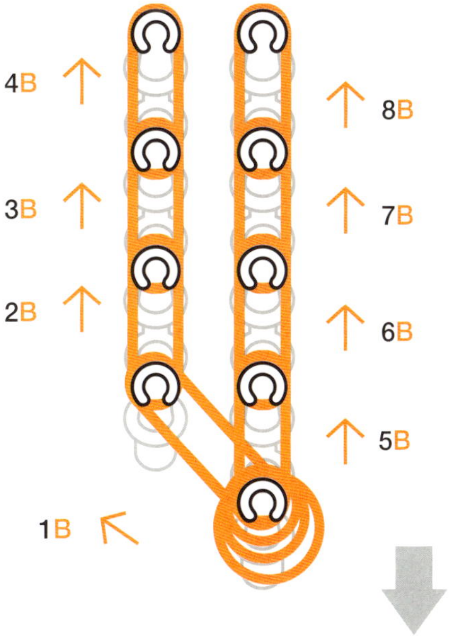

8/ Retournez votre métier, dégagez les élastiques comme indiqué en passant le crochet à l'intérieur des élastiques de la fleur, situés sur le picot du bas.

Attachez les deux boucles situées sur le picot du haut qui maintient une extrémité de la chaînette avec un côté du fermoir. Attachez les deux boucles de l'élastique, situées sur l'autre picot qui maintient l'autre extrémité de la chaînette, avec l'autre côté du fermoir. Libérez votre ouvrage du métier.

11/ BAGUE OVALE

NIVEAU : INTERMÉDIAIRE

11 Un deuxième modèle de bague, plus classique mais aux couleurs toujours aussi acidulées...

Matériel :

- Nombre d'élastiques utilisés :
  A : 14 élastiques argent (en gris sur les schémas)
  B : 10 élastiques bleus à texture boule (en violet sur les schémas)
  C : 11 élastiques bicolores bleu et blanc (en bleu clair sur les schémas)
  Total : 35 élastiques
- 1 fermoir
- 1 métier à tisser, la flèche pointant vers le haut (la rangée centrale sera décalée de 1/2 picot vers le bas)

DÉBUT DU TRESSAGE

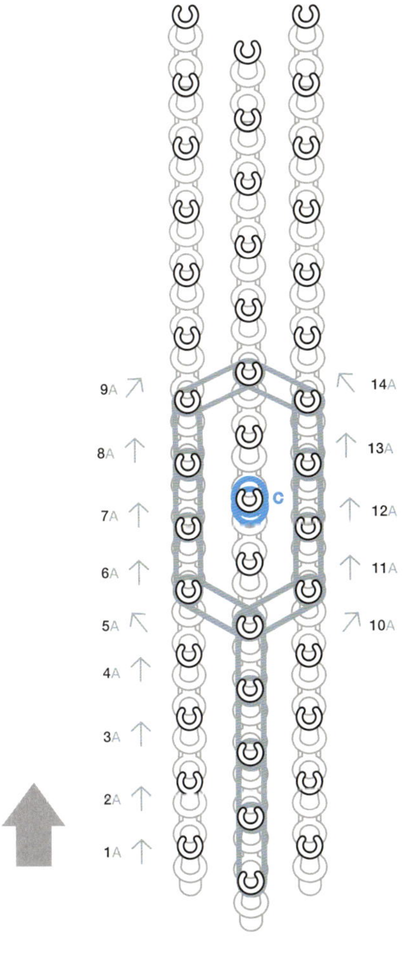

1/ Placez tous les élastiques de couleur A comme indiqué ci-contre.

Placez un élastique C sur le picot au centre de l'hexagone, cet élastique sera plié en deux afin de former deux boucles.

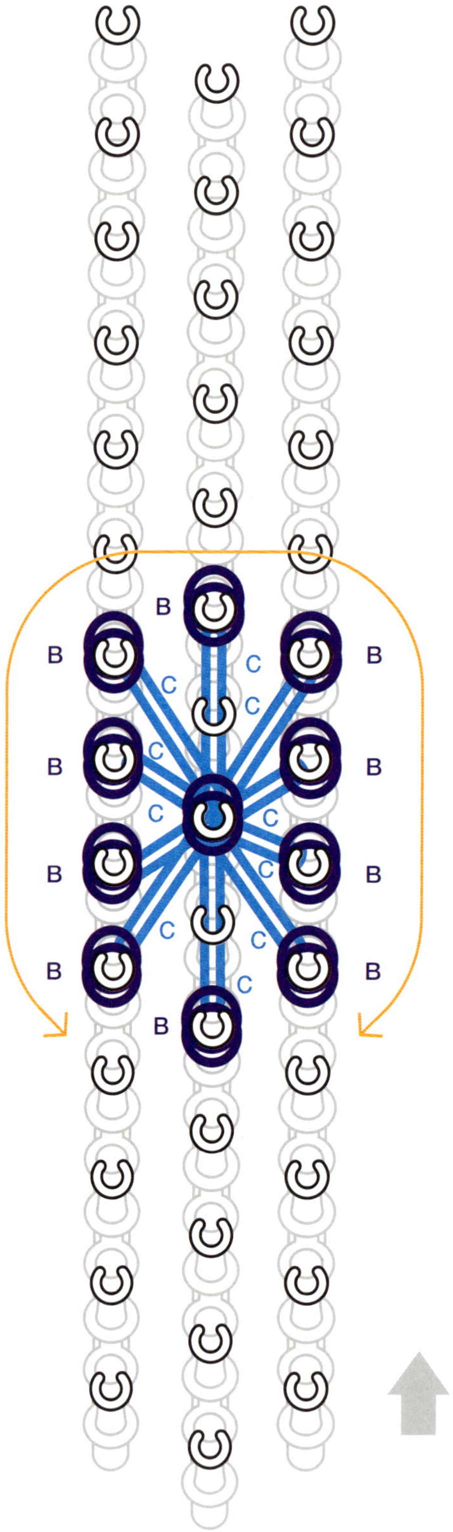

2/ Placez 10 élastiques B et C comme indiqué ci-contre. À l'aide du crochet, que vous passerez à l'intérieur du picot central qui porte votre boucle, faites passer un élastique C en tirant le crochet vers le haut. Accrochez la deuxième boucle de cet élastique C afin de tenir les deux boucles de l'élastique sur le crochet.

Faites passer un élastique B à travers les deux boucles de l'élastique C (voir schémas ci-dessous). Placez ensuite les deux boucles de l'élastique B sur un seul picot qui entoure le picot central.

3/ Renouvelez l'opération sur tous les picots indiqués sur le schéma ci-contre. Suivez le sens des aiguilles d'une montre (peu importe le picot de départ).

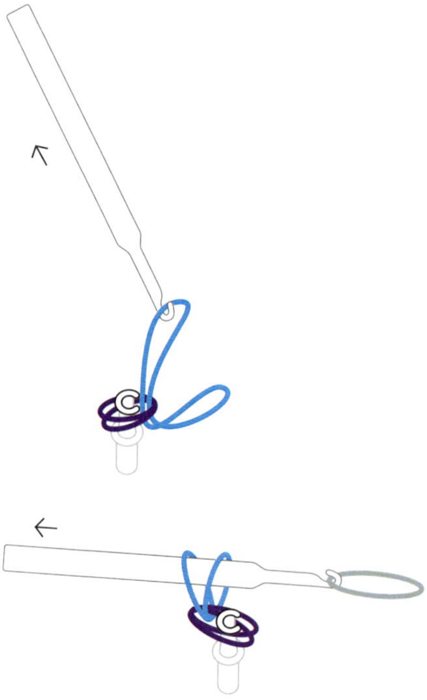

4/ Retournez le métier à tisser, la flèche pointant vers le bas.

Commencez à dégager les élastiques suivant l'ordre indiqué. Chaque élastique dégagé doit être plié sur lui-même et doit donc venir s'accro- cher sur le picot qui maintient son autre extrémité. Veillez à bien passer le crochet dans le picot et à l'intérieur des élastiques situés sur le picot.

Placez un fermoir sur les deux boucles du picot 14.

Libérez votre bague du métier, étirez-la afin de lui donner une jolie forme.

Attachez l'autre extrémité du fermoir à deux élastiques de couleur A situés sous la bague.

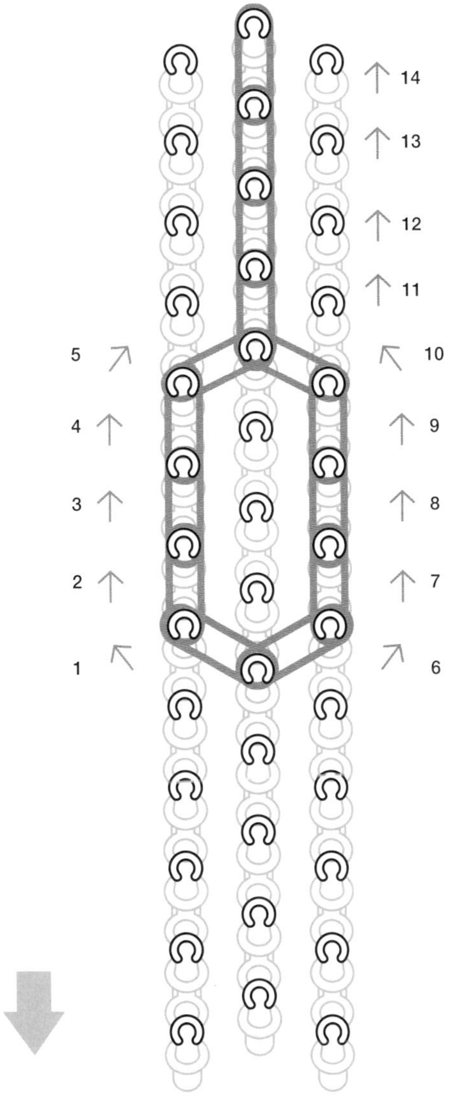

12/ BAGUE ÉTOILE AVEC PERLES

NIVEAU : INTERMÉDIAIRE

12

Un modèle élégant et original qui vous permettra d'avoir une belle étoile au bout des doigts...

Matériel :

- Nombre d'élastiques utilisés :
A : 5 élastiques argent (en bleu sur les shémas)
B : 20 élastiques violets
Total : 25 élastiques
- 5 perles de 4 mm de diamètre
- 1 perle de 6 mm de diamètre
- 1 fermoir
- 1 métier à tisser
- 1 morceau de fil

La bague se tresse à l'aide du crochet.

ENFILAGE DES PERLES SUR LES ÉLASTIQUES

Afin de faciliter l'enfilage des perles, munissez-vous d'un fil fin d'une quinzaine de centimètres (du fil de pêche, par exemple) que vous plierez en deux. Plus ce fil sera rigide, plus l'enfilage sera facile.

1/ Enfilez un élastique sur ce fil et passez les deux extrémités du fil à l'intérieur de la perle de 4 mm. Tenez les deux extrémités du fil et tirez-les en même temps jusqu'à ce que l'élastique soit dans la perle.

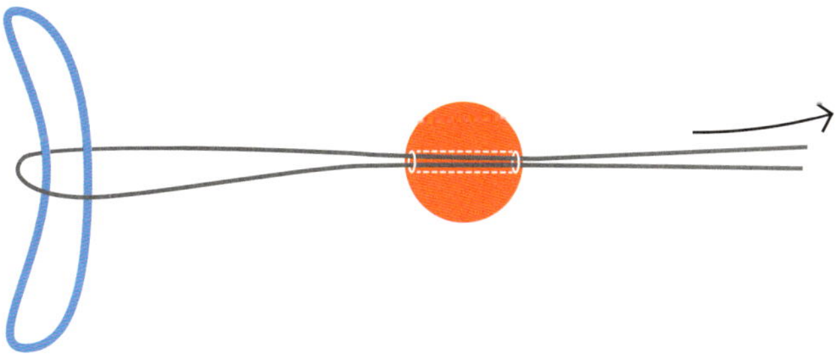

2/ Sortez le fil de l'élastique. Centrez votre perle sur l'élastique afin que le rendu soit régulier.

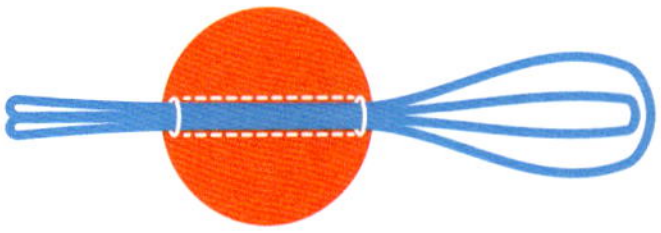

3/ Renouvelez l'opération pour les quatre autres perles de 4 mm avec quatre élastiques de couleur A.

TRESSAGE

4/ Passez le crochet à travers les quatre boucles de l'élastique A. À l'aide du crochet, passez trois élastiques B à travers les quatre boucles. Laissez votre ouvrage en attente. Renouvelez l'opération quatre fois avec les quatre élastiques A et quatre perles.

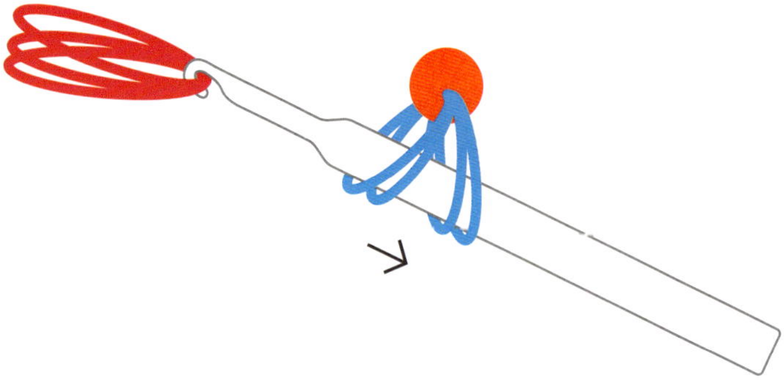

5/ Enfilez toutes les boucles des élastiques B (donc trente boucles) sur le crochet. Passez un élastique B à travers toutes ces boucles en tirant le crochet.

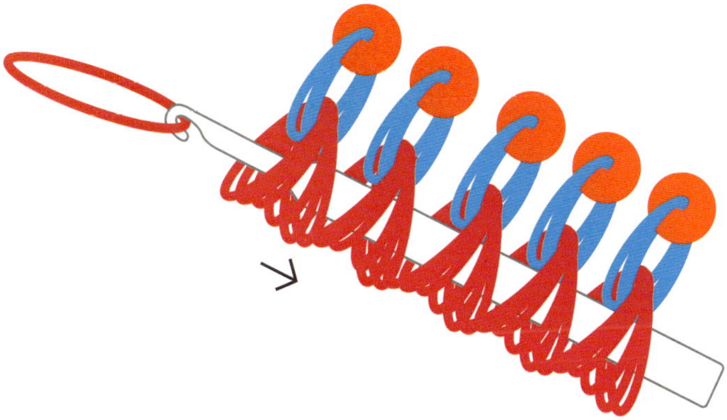

6/ Repassez une extrémité de ce dernier élastique à l'intérieur de son autre extrémité. Tirez afin de serrer les branches de l'étoile.

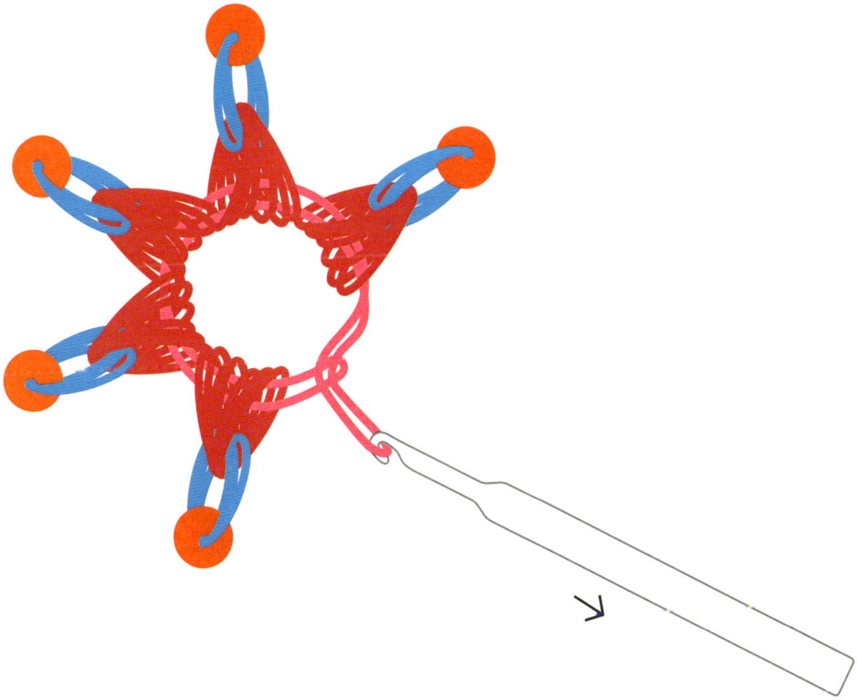

7/ Enfilez le fil à travers la boucle tenue par le crochet. Passez le fil dans cette boucle, puis passez les deux extrémités du fil à travers la perle. Faites glisser la perle de 6 mm sur l'élastique.

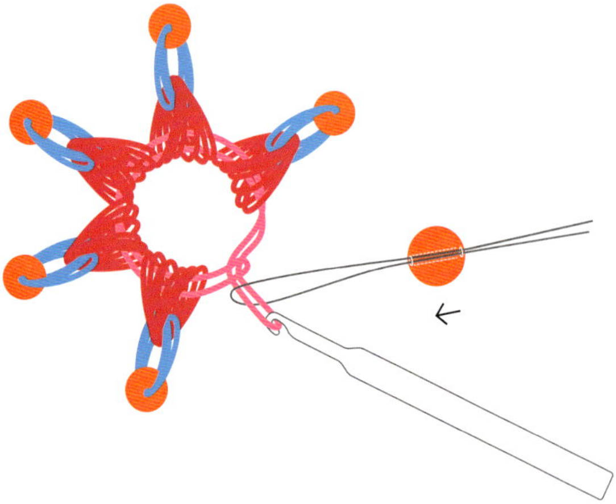

8/ Passez les deux extrémités du fil au centre de l'étoile, tirez dessus afin de sortir la boucle de l'élastique au-dessous de l'étoile, en vous assurant que la perle reste bien au-dessus.

Placez le métier à tisser devant vous, la flèche pointant vers le bas. Vous utiliserez cinq picots du bas d'une seule colonne.

Placez quatre élastiques de couleur B comme indiqué sur le schéma ci-contre. Placez ensuite la boucle qui sort au-dessous de l'étoile sur le cinquième picot, en haut du métier.

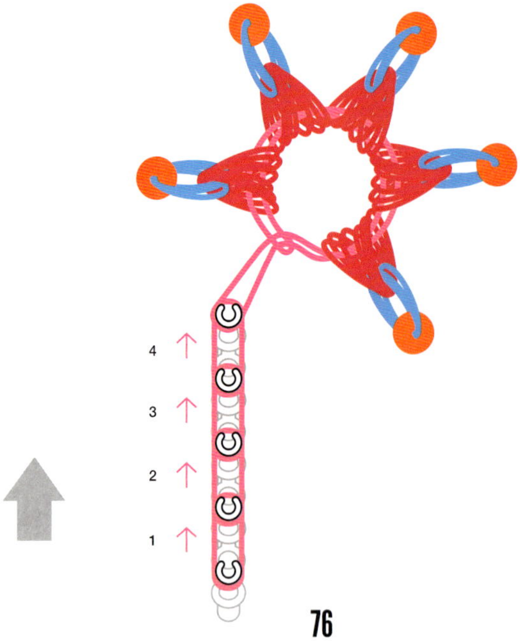

9/ Retournez le métier à tisser. Dégagez les élastiques dans l'ordre indiqué ci-contre, en veillant à passer le crochet à l'intérieur de l'élastique de l'étoile pour dégager l'élastique qui se trouve au-dessous.

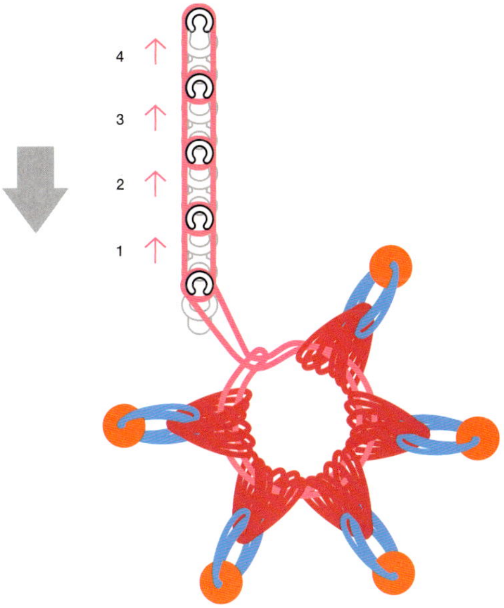

10/ Attachez les deux boucles de ce dernier picot d'un côté du fermoir, libérez votre ouvrage et attachez l'autre côté du fermoir à deux élastiques sous l'étoile.

13/ BROCHE FLEUR

NIVEAU : EXPERT

13 Cette broche est certes un des modèles les plus compliqués à réaliser mais le jeu en vaut largement la chandelle...

FLEUR À 5 PÉTALES

Matériel :

- Nombre d'élastiques utilisés :
A : 20 élastiques jaunes
B : 15 élastiques rose fluo
C : 15 élastiques orange à texture boule
D : 16 élastiques rouges métallisés
Total : 66 élastiques (13 élastiques par pétale) + 1 élastique pour l'assemblage final
- 5 fermoirs pour mettre en attente (1 fermoir par pétale)
- 1 métier à tisser, la flèche pointant vers le haut (la rangée centrale sera décalée de 1/2 picot vers le bas)

MISE EN PLACE DES ÉLASTIQUES

1/ Commencez par placer les élastiques en suivant l'ordre indiqué page suivante. Prenez un élastique que vous plierez sur lui-même afin de former trois boucles que vous placerez sur le picot 13.

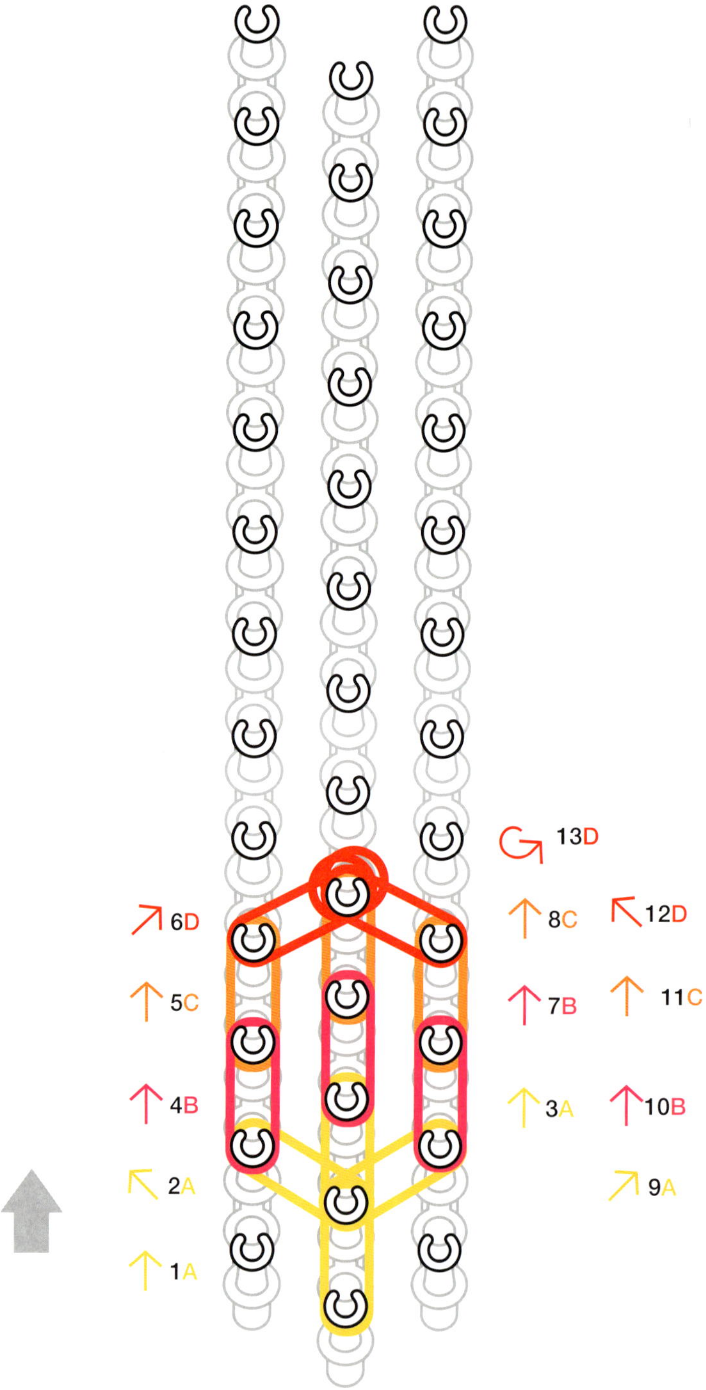
13D
6D
8C
12D
5C
7B
11C
4B
3A
10B
2A
9A
1A

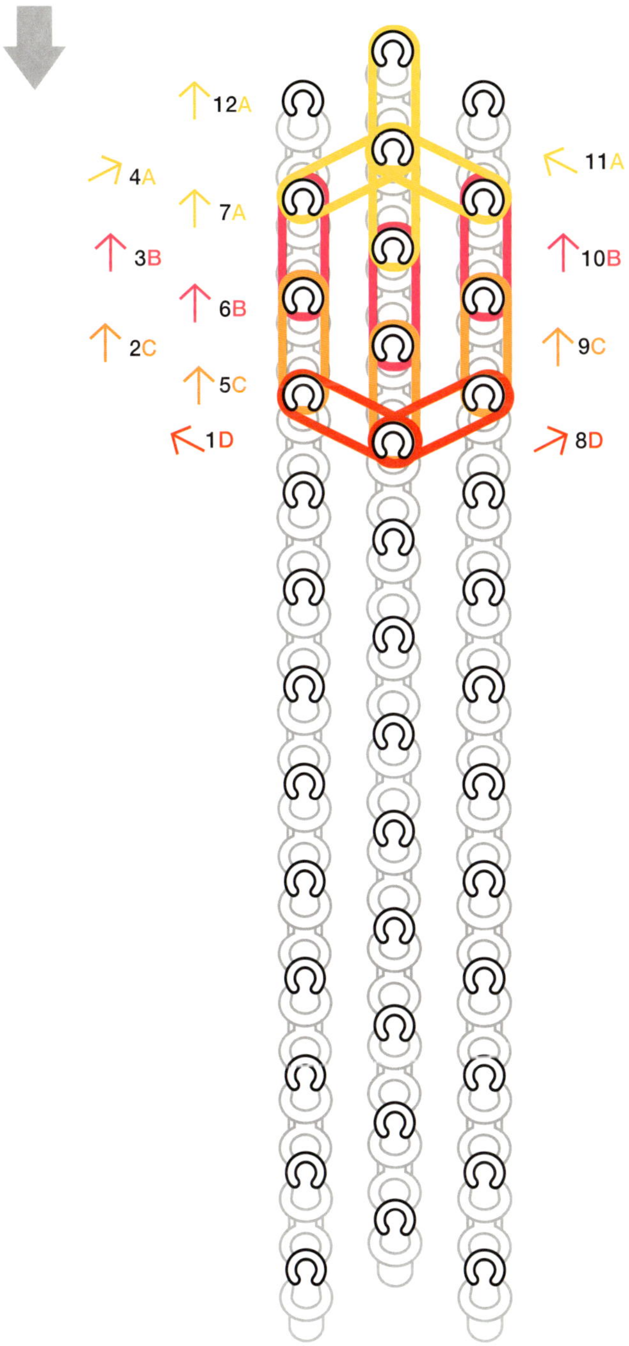

2/ Retournez le métier à tisser, la flèche pointant vers le bas.

Commencez à dégager les élastiques en suivant l'ordre indiqué ci-contre.

Placez le crochet à l'intérieur du picot et de l'élastique du dessus.

3/ Lorsque l'élastique 12A sera accroché sur le dernier picot du métier, accrochez un fermoir sur les deux boucles de ce picot.

Libérez le pétale du métier, étirez-le afin de lui donner une jolie forme. Laissez-le en attente.

4/ Tressez de la même manière quatre autres pétales.

FEUILLES DE LA FLEUR

Matériel : Nombre d'élastiques utilisés :
A : 17 élastiques verts à paillettes
B : 5 élastiques verts métallisés
Total : 23 élastiques par feuille.
- 2 fermoirs
Total élastiques pour les 2 pétales :
A : 4 élastiques verts à paillettes
B : 3 élastiques verts métallisés
Total : 65 élastiques pour les 2 feuilles
- 2 fermoirs pour mettre en attente
- 1 métier à tisser, la flèche pointant vers le haut (la rangée centrale sera décalée de 1/2 picot vers le bas)

MISE EN PLACE DES ÉLASTIQUES

1/ Disposez le métier devant vous, la flèche pointant vers le haut. Commencez par placer les élastiques A en suivant l'ordre indiqué ci-contre.

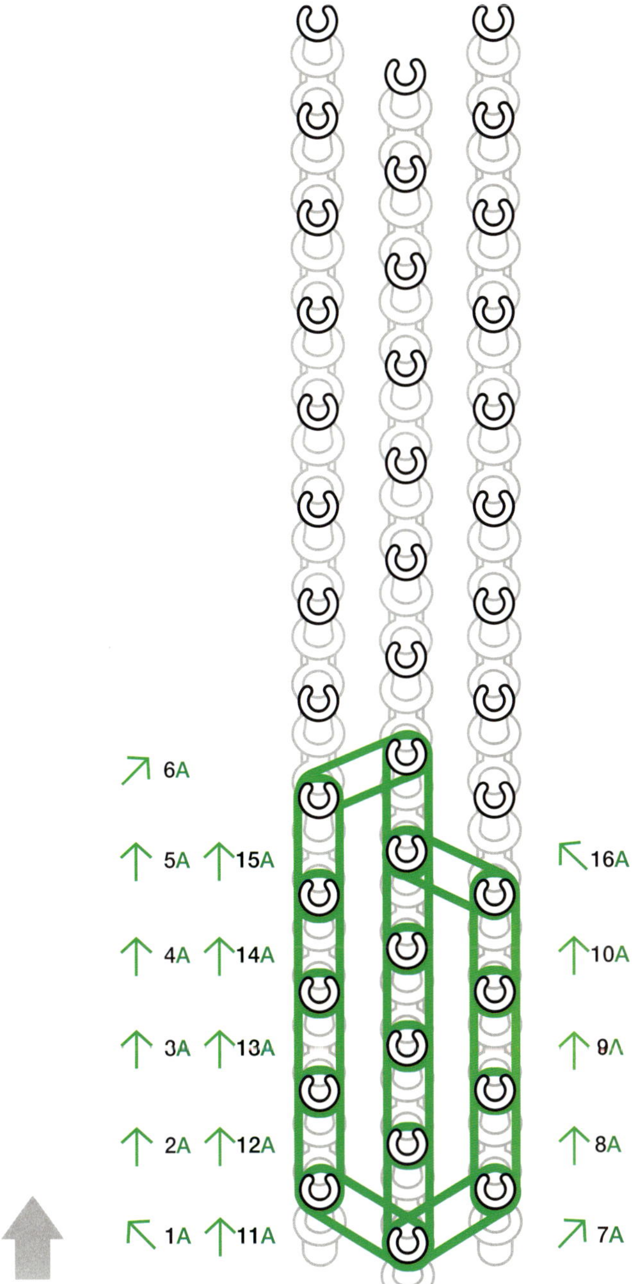

6A
5A
15A
16A
4A
14A
10A
3A
13A
9A
2A
12A
8A
1A
11A
7A

2/ Placez un élastique B autour de trois picots comme indiqué sur le schéma ci-contre (3 fois : élastiques n° 1, 2 et 3).

3/ Placez un élastique B plié sur lui-même afin de former deux boucles, que vous placerez comme indiqué sur le schéma ci-contre (élastique n° 4).

4/ Placez un élastique B plié sur lui-même afin de former trois boucles, que vous placerez comme indiqué sur le schéma ci-contre (élastique n° 5).

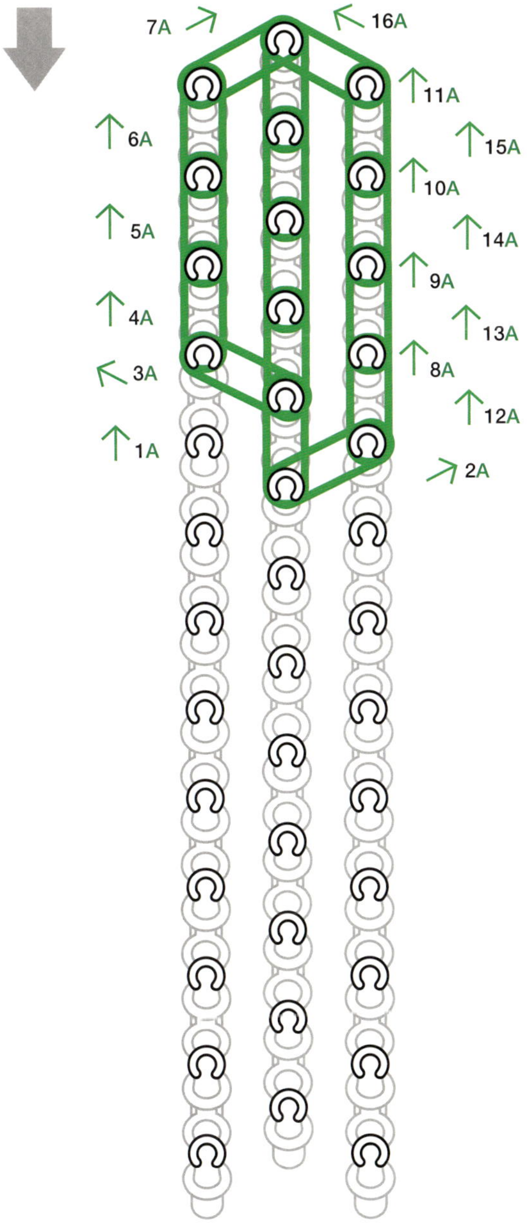

5/ Retournez le métier à tisser, la flèche pointant vers le bas.

Commencez à dégager les élastiques A en suivant l'ordre indiqué ci-contre. Chaque élastique A dégagé doit être plié sur lui-même.

Placez le crochet à l'intérieur du picot et de l'élastique s'il y en a d'autres sur le picot.

Lorsque tous les élastiques seront dégagés sur le dernier picot du métier, insérez un élastique A à travers tous ces élastiques. Le mieux consiste à passer, à l'aide du crochet, au centre du picot et de glisser l'élastique A dans le picot afin de réunir tous les élastiques sur ce dernier. Repassez ensuite le crochet à travers les deux extrémités de l'élastique A afin qu'il ne s'échappe pas.

Libérez votre feuille du métier, étirez la afin de lui donner une jolie forme. Laissez-la en attente.

Tressez de la même manière la seconde feuille.

PISTIL

Matériel :
- Nombre d'élastiques utilisés :
- 3 jaunes
- 3 rose fluo
- 4 rouges métallisés
- 1 orange à texture boule

Total : 11 élastiques
- 1 crochet

1/ À l'aide du crochet, entourez un élastique D autour du crochet afin de former trois boucles.

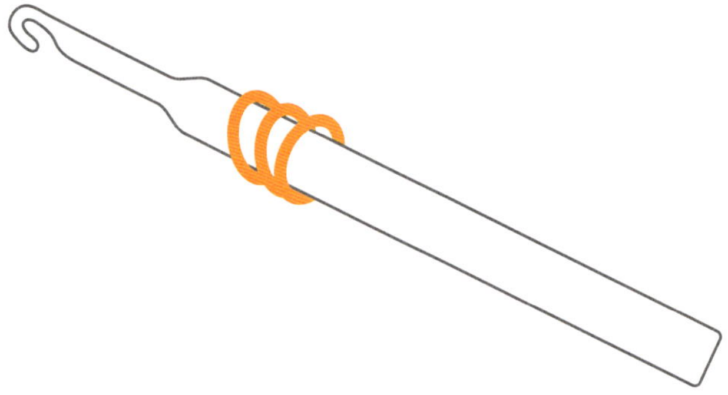

2/ Faites glisser cette boucle orange sur les élastiques A.

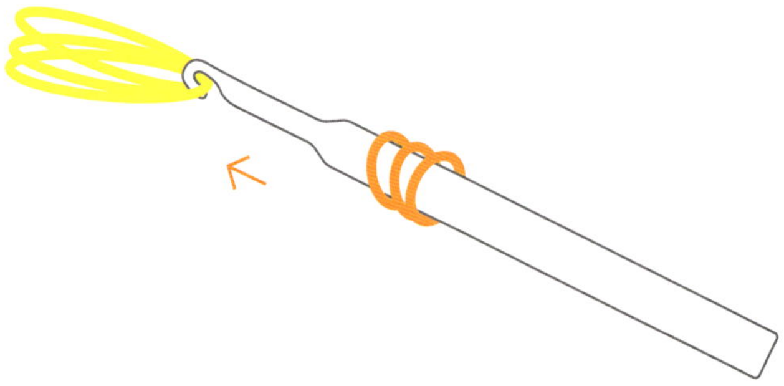

3/ Repassez le crochet dans les trois élastiques A.

4/ Répétez cette opération en passant trois élastiques B dans les trois élastiques A.

5/ Faites de même en passant trois élastiques C dans les trois élastiques B.

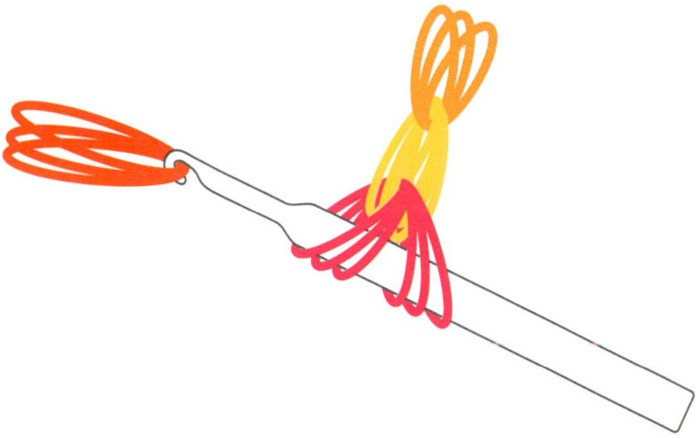

6/ Faites passer un élastique C dans les trois élastiques C.

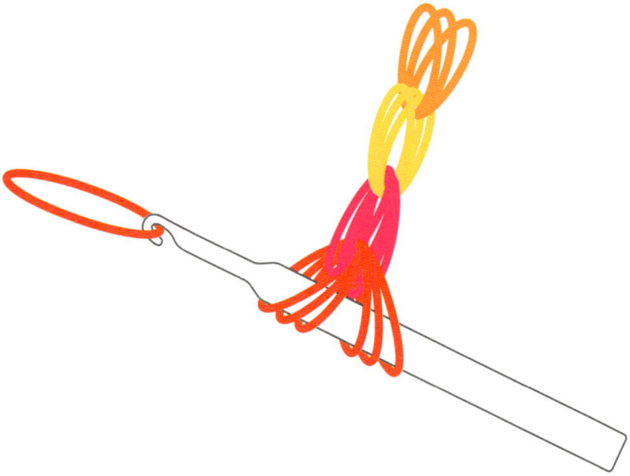

Repassez le crochet dans l'autre extrémité de l'élastique afin qu'il ne s'échappe pas. Posez votre ouvrage tel quel, afin de préparer l'assemblage du pistil, des pétales et des feuilles.

ASSEMBLAGE DE LA FLEUR

Pour assembler la fleur, vous utiliserez les quatre picots du bas du métier à tisser.

1/ Prenez le premier pétale, enlevez le fermoir tout en maintenant les deux extrémités de l'élastique. Passez les deux extrémités sur deux picots comme indiqué sur le schéma ci-dessous.

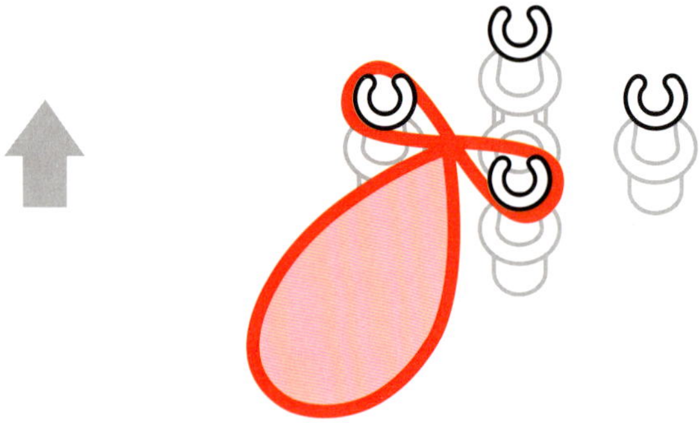

2/ Prenez le deuxième pétale, enlevez le fermoir tout en maintenant les deux extrémités de l'élastique. Passez les deux extrémités sur deux picots comme indiqué sur le schéma ci-dessous.

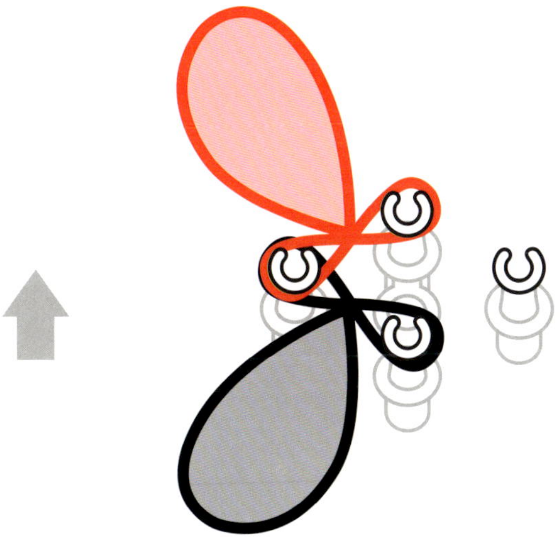

3/ Prenez le troisième pétale, enlevez le fermoir tout en maintenant les deux extrémités de l'élastique. Passez les deux extrémités sur deux picots comme indiqué sur le schéma ci-dessous.

4/ Prenez le quatrième pétale, enlevez le fermoir tout en maintenant les deux extrémités de l'élastique. Passez les deux extrémités sur deux picots comme indiqué sur le schéma ci-dessous.

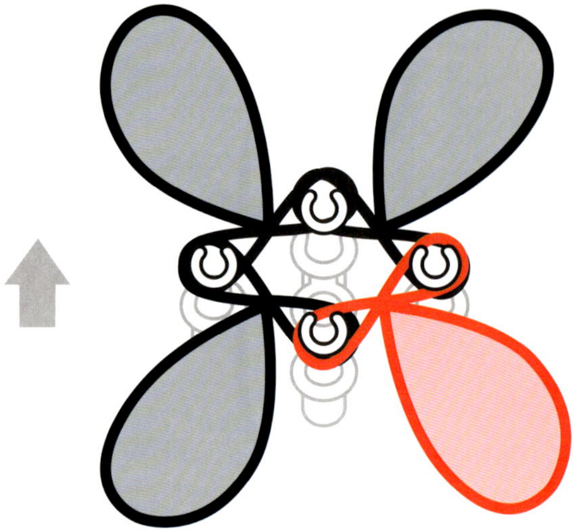

5/ Prenez le cinquième pétale, enlevez le fermoir tout en maintenant les deux extrémités de l'élastique. Passez les deux extrémités sur un seul picot, celui du haut comme indiqué sur le schéma ci-dessous.

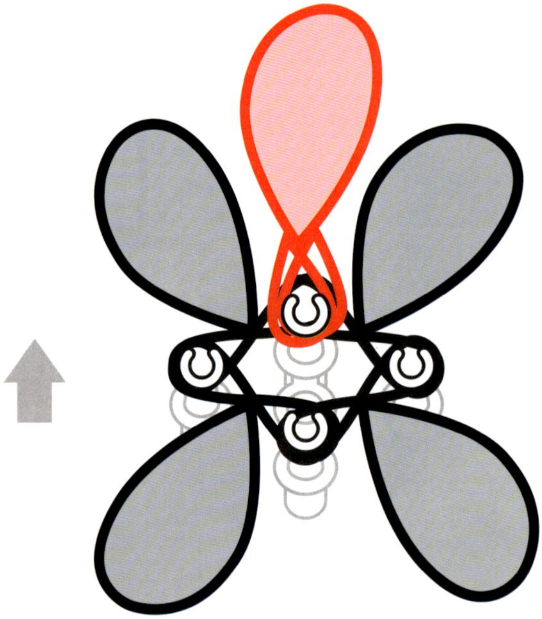

6/ Prenez le pistil, enlevez le crochet délicatement tout en maintenant les deux extrémités de l'élastique. Le pistil va être accroché au-dessus des pétales mais sera glissé dessous par la suite. Passez une extrémité de l'élastique qui termine le pistil sur le picot du haut comme indiqué sur le schéma ci-dessous. Passez l'autre extrémité sur le picot du bas, tirez l'élastique du picot du bas, tournez-le afin qu'il se croise et entourez ces deux picots une seconde fois avec ce même élastique. Glissez le pistil sous les pétales.

7/ Retournez le métier à tisser, la flèche pointant vers le bas, puis dégagez les élastiques en suivant le schéma ci-dessous. Chaque élastique dégagé doit revenir se placer sur le picot qui maintient l'autre partie de l'élastique. Veillez à passer le crochet à l'intérieur du picot et des élastiques situés au-dessus de l'élastique qui doit être dégagé.

Après avoir dégagé tous les élastiques, faites passer un élastique rouge (qui doit vous rester) à travers tous les élastiques situés sur le picot du haut en le glissant à l'intérieur du picot. Cet élastique va maintenir tous les autres. Repassez l'élastique dans son autre extrémité, serrez doucement afin qu'il ne s'échappe pas, puis libérez votre ouvrage.

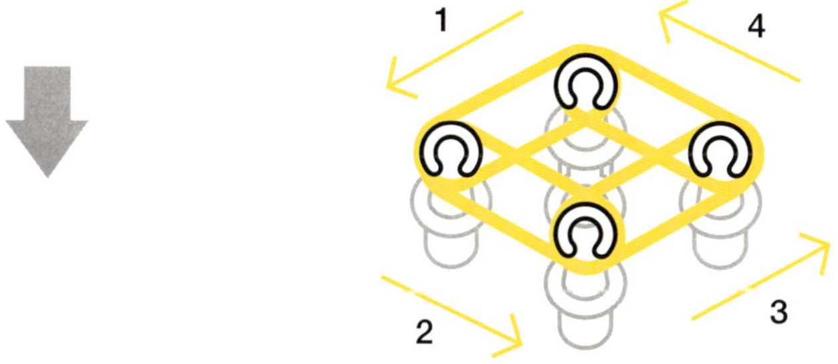

ASSEMBLAGE DES FEUILLES

8/ Passez le bout du dernier élastique rouge à travers les deux boucles de chaque feuille. Passez le crochet à travers le centre de la fleur, du dessus vers le dessous. Passez l'extrémité de l'élastique à travers la fleur en tirant celui-ci à l'aide du crochet que vous remonterez. Passez le pistil à travers la boucle de l'élastique. Fixez sur votre broche.

14/ HEADBAND FLEURI

NIVEAU : INTERMÉDIAIRE

14

Rien de tel qu'un joli headband pour donner un petit coup de peps à une coiffure classique...

TRESSE DU HEADBAND

Matériel :
- Nombre d'élastiques utilisés :
  A : 100 élastiques vert fluo
  B : 18 élastiques jaunes
  C : 9 élastiques verts
  Total : 127 élastiques
- 1 fermoir
- 1 métier à tisser, la flèche pointant vers la droite

Pour le tressage, vous utiliserez seulement deux picots d'un rang.

Pensez à baisser régulièrement votre ouvrage en bas des picots afin de tresser plus facilement.

DÉBUT DU TRESSAGE

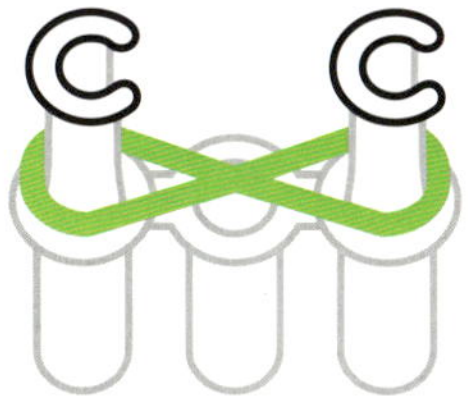

1/ Placez un élastique A entre les deux picots, en le croisant en son centre.

2/ Placez un élastique A entre les deux picots, sans le croiser en son centre.

3/ Placez un élastique A entre les deux picots, sans le croiser en son centre.

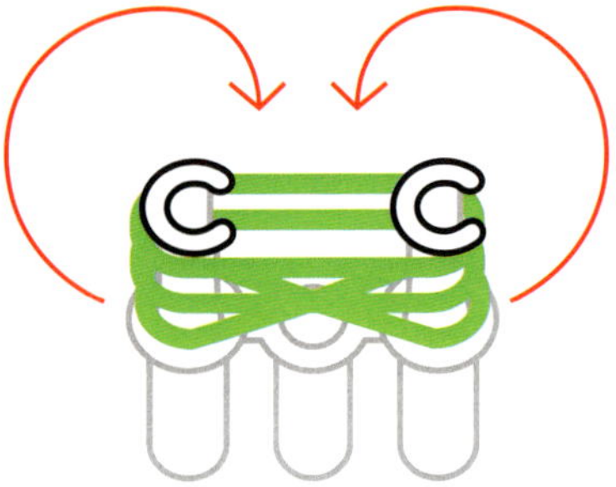

4/ Dégagez l'élastique situé au bas de chacun des picots.

TRESSAGE

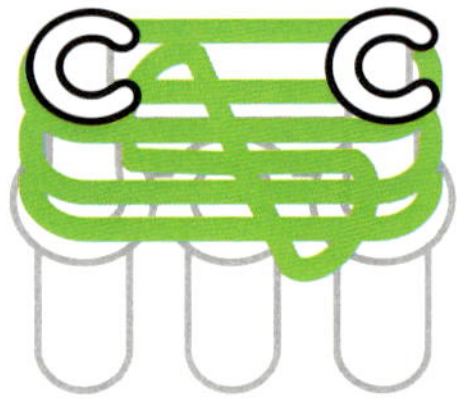

5/ Placez un élastique A entre les deux picots, sans le croiser en son centre.

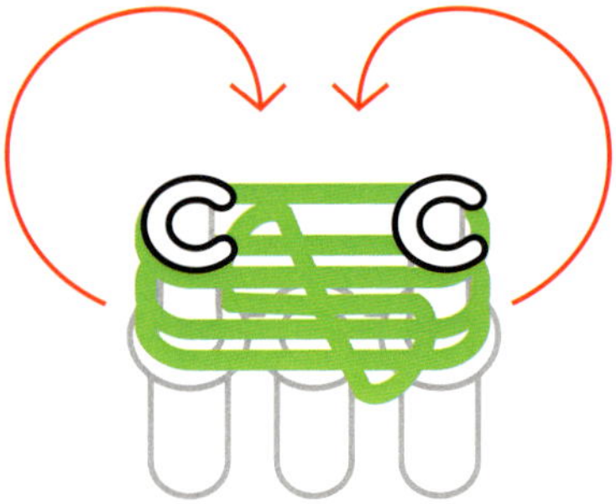

6/ Dégagez l'élastique situé au bas de chacun des picots.

7/ Répétez les étapes 5 et 6 jusqu'à obtenir la longueur désirée.

Le modèle proposé est composé de 127 élastiques. Pour réaliser le motif, vous devrez suivre l'ordre suivant : 10 élastiques de couleur A, puis 1 élastique de couleur B, puis 1 élastique de couleur C, puis 1 élastique de couleur B (repris 9 fois), puis 10 élastiques de couleur A.

FIN DU TRESSAGE

8/ Dégagez l'élastique situé au bas de chacun des picots. Il doit rester deux élastiques sur chaque picot. Dégagez ensuite l'élastique situé au bas de chacun des deux picots.

Accrochez l'élastique du picot de droite sur le picot de gauche. Attachez ces deux élastiques sur un côté du fermoir. Libérez votre tresse du métier à tisser. Attachez l'autre côté du fermoir à l'autre extrémité de la tresse, en passant les deux boucles de l'élastique dans la boucle du fermoir.

FLEUR

Matériel :

Nombre d'élastiques utilisés :
A : 8 élastiques violets métallisés
B : 16 élastiques violets
C : 16 élastiques roses métallisés
D : 9 élastiques rose fluo

Total : 49 élastiques
– 5 fermoirs
– 1 métier à tisser, la flèche pointant vers le haut (la rangée centrale sera décalée de 1/2 picot vers le bas)

MISE EN PLACE DES ÉLASTIQUES (1ER PÉTALE)

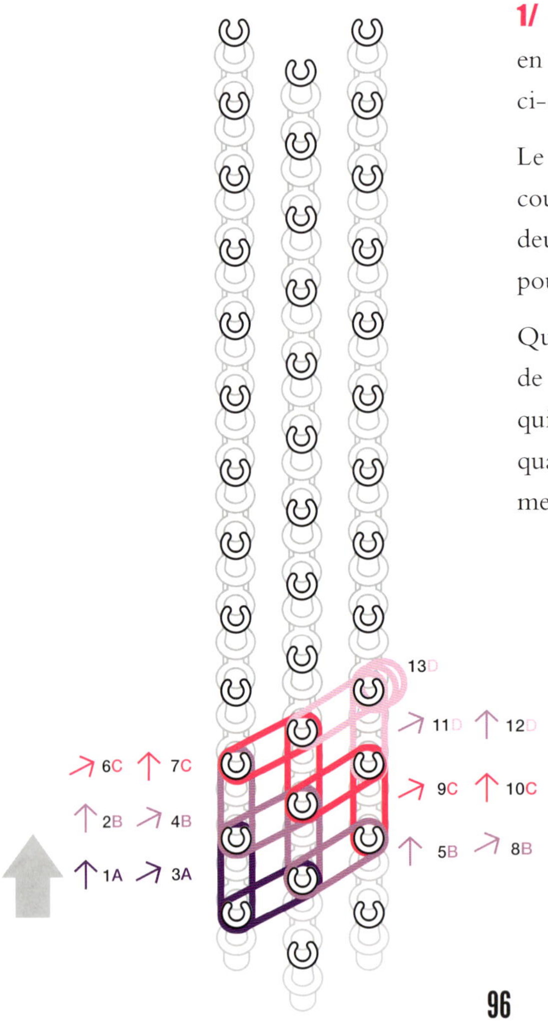

1/ Commencez par placer douze élastiques en suivant l'ordre et les couleurs, indiqués ci-contre.

Le treizième élastique est un élastique de couleur D, plié sur lui-même afin de former deux boucles. Cette boucle servira ensuite pour réaliser les autres pétales.

Quand vous tresserez les trois autres pétales de la fleur, vous placerez toujours cet élastique qui portera une, puis deux, puis trois, puis quatre pétales au fur et à mesure de l'avancement du tressage.

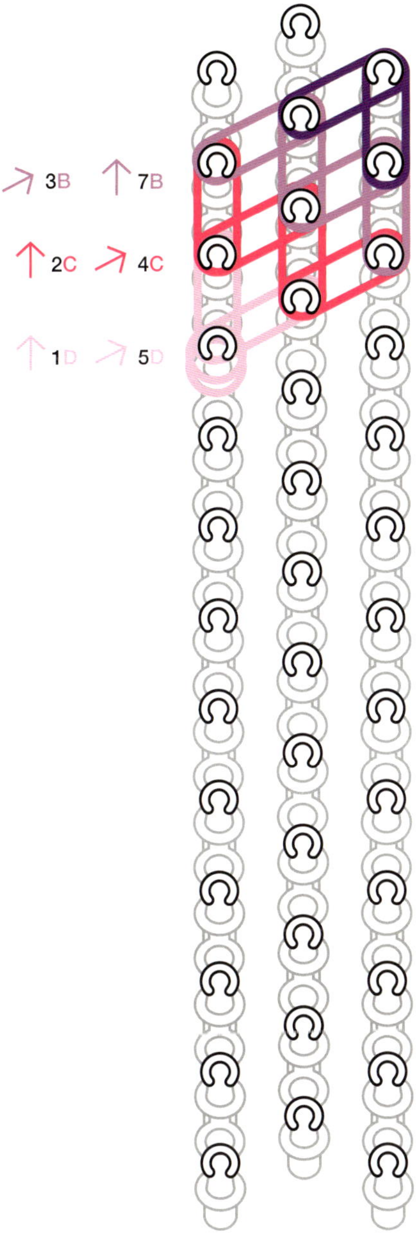

2/ Retournez le métier à tisser. Dégagez les élastiques en suivant l'ordre et les couleurs, indiqués ci-contre.

Placez ensuite un fermoir pour maintenir les quatre boucles des élastiques 8 et 12.

Renouvelez l'opération afin de tresser trois pétales supplémentaires. Utilisez l'élastique plié 13D comme expliqué à l'étape 1.

Libérez la fleur de l'ouvrage, puis camouflez chaque fermoir au bout de chaque pétale en les rentrant dans la fleur.

Assemblez la tresse et la fleur en utilisant un fermoir : attachez deux élastiques du dessous de la fleur d'un côté du fermoir, faites passer votre tresse en dessous de ce fermoir et attachez deux autres élastiques du dessous de la fleur avec l'autre côté du fermoir.

15/ HEADBAND FILET

NIVEAU : INTERMÉDIAIRE

15

Et si vous mettiez un peu d'or dans vos cheveux ? Ce modèle spectaculaire fera, à coup sûr, sensation auprès de vos amies !

Matériel :

- Nombre d'élastiques utilisés :
A : 76 élastiques jaunes à paillettes
B : 114 élastiques noirs
Total : 190 élastiques
- 114 grosses perles de rocaille
- 3 fermoirs
- 1 métier à tisser, la flèche pointant vers la droite

Pour tresser ce headband, un seul rang sera utilisé, sur six picots.

Pensez à baisser régulièrement votre ouvrage en bas des picots afin de tresser plus facilement.

ENFILAGE DES PERLES

Avant le début du tissage, enfilez 114 perles sur les élastiques noirs. Afin de faciliter l'enfilage, munissez-vous d'un fil fin d'une quinzaine de centimètres (du fil de pêche, par exemple) que vous plierez en deux. Plus ce fil sera rigide, plus l'enfilage sera facilité.

1/ Enfilez un élastique sur ce fil et passez les deux extrémités du fil à l'intérieur de la perle. Tenez les deux extrémités du fil et tirez-les en même temps jusqu'à ce que l'élastique soit dans la perle.

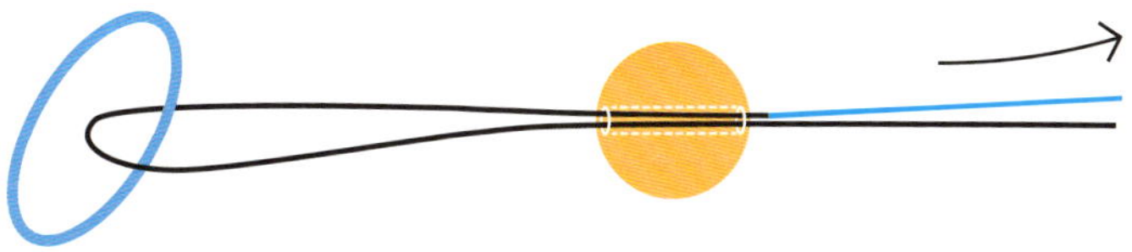

2/ Sortez votre fil de l'élastique. Centrez l'élastique dans la perle afin que le rendu soit régulier.

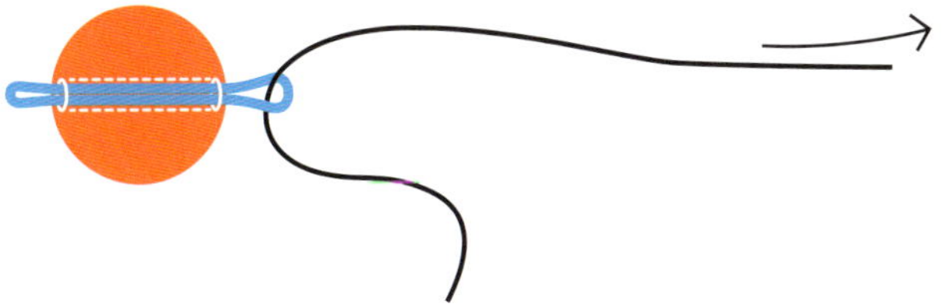

DÉBUT DU TRESSAGE

1/ Placez un élastique A entre les picots 1 et 2, en le croisant en son centre.

Placez un élastique B entre les picots 3 et 4, en le croisant en son centre.

Placez un élastique A entre les picots 5 et 6, en le croisant en son centre.

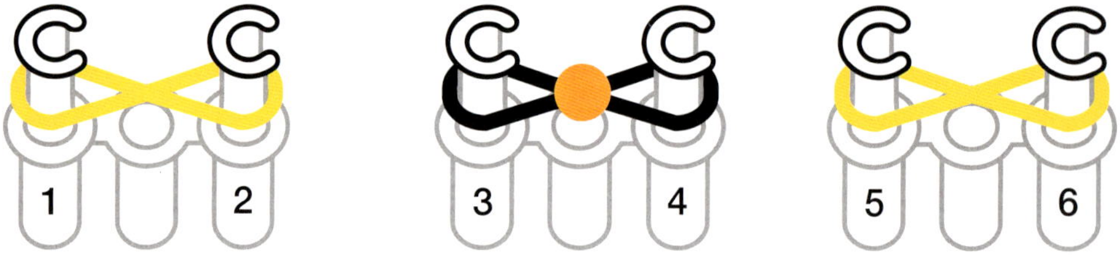

2/ Placez un élastique B entre les picots 2 et 3, en le croisant en son centre.

Placez un élastique B entre les picots 4 et 5, en le croisant en son centre.

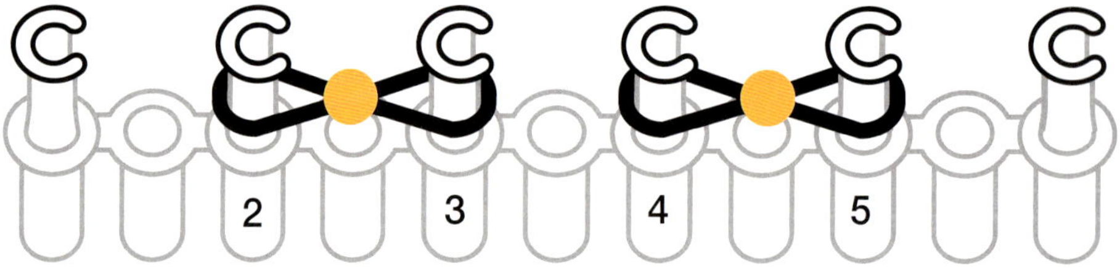

3/ Dégagez l'élastique qui se situe le plus bas sur les picots 2, 3, 4 et 5.

Suivant le sens dans lequel vous avez croisé vos élastiques entre les picots 1 et 2 et les picots 5 et 6 à l'étape 1, il est possible que, après avoir dégagé les élastiques des picots 2, 3, 4 et 5, ces élastiques ne soient plus croisés en leur centre. À l'aide du crochet, sortez l'élastique du picot 1, et tournez le sur lui-même afin qu'ils se recroise en son centre. Répétez l'opération pour l'élastique sur le picot 6.

TRESSAGE

4/ Placez un élastique A entre les picots 1 et 2, puis un élastique A entre les picots 5 et 6.

Placez un élastique B entre les picots 3 et 4.

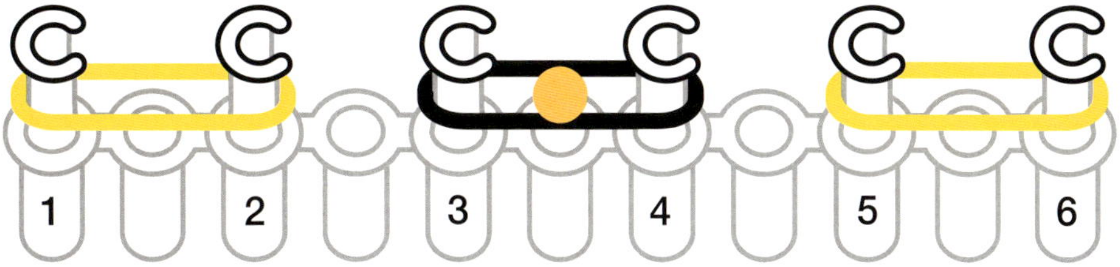

5/ Dégagez l'élastique le plus bas sur les picots 2, 3, 4 et 5.

6/ Placez un élastique B entre les picots 2 et 3, puis un élastique B entre les picots 4 et 5.

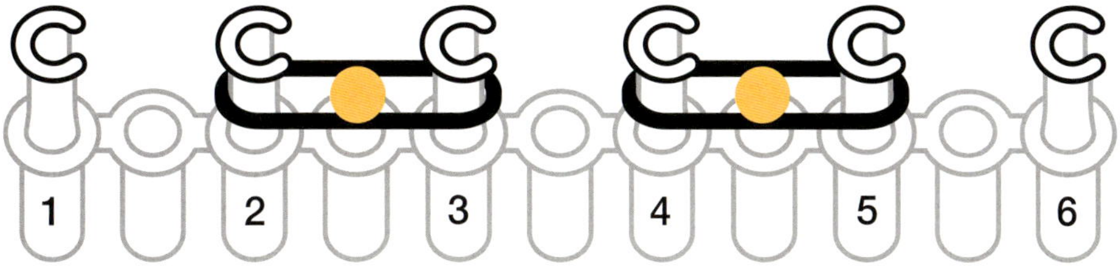

7/ Dégagez l'élastique le plus bas sur les picots 1, 2, 3, 4, 5 et 6.

8/ Répétez les étapes 4, 5, 6 et 7 jusqu'à épuisement des élastiques.

FIN DU TRESSAGE

9/ À ce stade, il ne doit plus y avoir qu'un seul élastique sur chacun des six picots.

Dégagez l'élastique du picot 1 et accrochez-le sur le picot 2. Dégagez l'élastique du picot 3 et accrochez-le sur le picot 4. Dégagez l'élastique du picot 6 et accrochez-le sur le picot 5.

10/ Attachez les deux élastiques du picot 2 avec un fermoir.

Attachez les deux élastiques du picot 4 avec un fermoir.

Attachez les deux élastiques du picot 5 avec un fermoir.

Libérez votre ouvrage du métier à tisser, puis attachez les trois fermoirs à l'autre extrémité du headband.

NOTES

NOTES

NOTES

NOTES

43, quai de Grenelle – 75905 Paris Cedex 15

Pour l'éditeur, le principe est d'utiliser des papiers composés de fibres naturelles, renouvelables, recyclables et fabriqués à partir de bois issus de forêts qui adoptent un système d'aménagement durable. En outre, l'éditeur attend de ses fournisseurs de papier qu'ils s'inscrivent dans une démarche de certifi cation environnementale reconnue.

Crédits photographiques : S'cuiz In par Sylvain Lefebvre, sauf pages 2-3 et 110-111 (© J and S Photography-Fotolia.com) et page 12 (© Rghenry-Fotolia.com).

Direction : Catherine Saunier-Talec

Responsable éditoriale : Céline Le Lamer

Responsable artistique : Antoine Béon

Responsable de projet : Lisa Grall

Conception graphique : Pauline Ricco

Mise en page : Les PAOistes

Relecture : Aline Boucheron

Fabrication : Isabelle Simon-Bourg

Partenariats : Sophie Morier (smorier@hachette-livre.fr)

www.hachette-pratique.com

Dépôt légal : Octobre 2014

22-4448-6/01

ISBN : 978-2-01238508-5

Imprimé en Espagne par Cayfosa

PAPIER À BASE DE FIBRES CERTIFIÉES

hachette PRATIQUE s'engage pour l'environnement en réduisant l'empreinte carbone de ses livres. Celle de cet exemplaire est de : 650 g éq. CO_2 Rendez-vous sur www.hachette-durable.fr